Arno Reinfrank
Heuschrecken am Horizont

Arno Reinfrank

Heuschrecken am Horizont

Gedichte

Illustrationen: Harry Jürgens

Wichern-Verlag

CIP-Kurztitelaufnahme der Deutschen Bibliothek

Reinfrank, Arno:
Heuschrecken am Horizont: Gedichte / Arno Reinfrank. – Berlin:
Wichern-Verlag, 1984.
ISBN 3-88981-008-X

Satz: Wichern-Verlag, Berlin
Druck: Color-Druck, Berlin
Buchbinderei: Lüderitz & Bauer, Berlin
ISBN 3-88981-008-X

Die Gedichte

1
Habichtschwingen aus Rauch 11
Dressierte Hunde 12
Litauischer Bison 13
Gänse zur Mast 14
Schicksal des Klippdaches 15
Ungenießbare Wachteln 16
Die Verlausung 17
Flüchtendes Rebhuhn 18
Die roten Rehe 19
Der Zeckenbaum 20
Wie Davids Büffelopfer 22
Säue vorm Weinberg 23

2
Elefanten aus Tarschisch 27
Der Kriegs-Uhu 28
Füchse vom Berg Zion 30
Levjatan 31
Blutmilch 32
Die Hundsfliegenplage 33
Der Floh springt weit 34
Samson und die Bienen 35
Die Kobra 36
Bileams Eselin 38
Fluch auf die Fliegen 39
Brennende Schakale 40
Die Bärin 42
Kopfunter hängt die Fledermaus 43
Hengste, Stuten, Maultierschmuten 44
Dem Pferd zertrennt die Sehnen 45
Der besiegbare Löwe 48
Die Turteltaube 49

3
Fischessen 53
Kopfsprung des Heupferdes 54
Gebratene Mäuse 55
Der Wolf im Feuer 56
So dankt die Grille 58
Asseln und Ohrgewürm 59
Seltsame Pferde 60
Gefilmte Spinnen 62
Die gefleckte Herde 63
Die Anmut des Schweines 64
Gesponnen und mürb 65
Affen und Pfaue 66
Skorpione aus Gold 68
Zum Beispiel die Ameise 69

4
Die Umwelt des Nilpferdes 73
Den Fischen ein Schrecken 74
Kein Weih über Edom 75
Das Fell des Leoparden 76
Geschrei aus dem Fisch 78
Saul und die Eselinnen 79
Heuschrecken am Horizont 80
Fleisch von falschen Hasen 82
Der Gecko 83
Sternzeichen Steinbock 84
Die Büffel Babylons 85
Der Zweihänder 86
Der Madensack 87
Die Töchter des Blutegels 88
Dreierlei Ratten 89
Vom Widder im Busch 90
Die Kamelstute 92

5
Garn für Rabbiner 95
Spatzen unter sich 96
Pelikan beim Fischfang 97
Der herrliche Adler 98
Der gewaltige Frosch 100
Schildläuse im Tempel 101
Über die Schafe 102
Tonaufnahme Nachtigall 103
Schlafbaum der Störche 104
Schauspiel im Dorf 106
Reste des Reihers 107

6
Esel und Melone 111
Botschaft aus dem Milchland 112
Der Wurm 113
Noahs Rabe 114
Das Elend des Fuchses 116
Der Hahn 117
Vielfischfach 118
Der Bussard 120
Löwen, Bären, Schlangen 121
Kopfunter und blutend 122
Der Wilde 123
Die letzte Gazelle 124
Die Schwalbe 125
Der lebende Hund 126
Rätselhafter Beweis 128
Die Koralle 129
Das Einhorn 130
Der Kranich 132
Entzifferung der Tiere 133

Die Bibelstellen 135

1

Habichtschwingen aus Rauch

O hohe Lordschaft,
so laßt mich verstehen,
wieso der Habicht
die Schwingen spreizt.

Wieso sein Flug
dem Rauch gleicht am Himmel
aus den Kaminen
von Block 12 Lager I.

Schwarz ziehen die Wolken
mit dem Habicht gen Mittag.
Im Lager des Hungers
riecht der Tod wie ein Braten.

O hohe Lordschaft,
so laßt mich verstehen,
warum die gerbende Spucke
meine Zunge verledert.

Denn ich hungere
nach Deiner Offenbarung,
wieso alle es wußten
und keiner als Du

die Antwort weiß

(nach Hiob 39: 26)

Dressierte Hunde

Schon einmal in Ägypten
mußten alle Kinder sterben,
und die Hunde schwiegen,
sie bellten nicht.

Hinter Draht zwang man alle,
verschont wurde keiner.
In die Magd am Mühlstein
wurde eine Nummer tätowiert.

Wer hinsank beim Appell
in die Streifen des Schnees,
den zerbissen die Hunde
unterm Pfiff der Dressur.

Frei von den Toten
schlurften später nicht viele.
Da schwieg alles Land,
mit den Hunden schwieg es.

Das Schlimmste war die Stille,
die Stille nach der Plage.
Das bleibt für immer,
das geht nicht davon.

(nach 2. Mose 11:7; 22:30)

Litauischer Bison

Am Bison, dem bärtigen Standbild,
klebt kniehoch der Lehm.
Sie werfen ihm Heu hin
im Tierpark von Wilna.

Er beugt seine Kniee,
bevor er sich lagert.
Sein Fleisch ist greuelfrei,
man darf ihn jagen im Tann.

Tanngrüne Jäger
warfen es vor die Hunde,
da scharrten kniende Juden
ihr letztes Lager in den Lehm.

Darum hängt der da stehend
den Kopf schwer vornüber.
Mit Blut, nicht mit Moschus,
bespritzt ist die Mähne.

In Litauen leben
heißt, den Nächsten vermissen.
Aus den Augen des Bullen
trübt Kabbala-Gelb.

Wer Brot ihm verfüttert,
steh zurück von den Stangen.
Denn manchesmal rammt er
in krachendem Wahnsinn

seinen Schmerz in den Zaun.

(nach 2. Mose 22:33; 5. Mose 14:3-5)

Gänse zur Mast

Die Menschen schleppen die Worte
von einem Fleck zum andern:
Jantes hießen in Frankreich die Gänse,
in Böhmen hießen sie Jentes.

Oradour hieß in Frankreich das Grauen,
und Lidice hieß es in Böhmen.
Wir neigen zu vergessen,
was uns eine Gänsehaut macht.

Wir würzen süffig mit Champagner
die feinen böhmischen Lebern
und sind dabei selber die Mastgans,
die sich den Kropf mit Lügen stopft.

Auch Salomo brachte man Gänse,
er hatte Frieden im Land seinerzeit.
Oradour und Lidice – wer kennt das?
Zum Marschlied glänzen die Helme:

Herr Ober – den nächsten Gang!

(nach 1. Könige 5:2-4)

Schicksal des Klippdachses

Hat man den Klippdachs ausgerottet,
weil ich noch nie einen sah?
Hingeschmissen liegen viele
in den Silokästen der Lagermuseen
bei Brillen, Prothesen und Schuhen.

Ich kenne nur europäische Dachse,
Erdbaugräber, weiß, schwarz und blaugrau,
grau wie mein Haar auch ihres,
daraus bindet man weiche Pinsel,
von denen liegt ein Berg zuhauf.

Einen Juden, er überlebte in England,
erreichte 1945 ein Bittbrief.
Aus München kam die Klage
über unglaubliche Not im Land:
Es fehle an Dachshaarpinseln.

Es gäbe keine mehr.

(nach Psalm 104:18; 3. Mose 11:5)

Ungenießbare Wachteln

Allherbstlich ziehen die Wachteln
tausend um tausend wie Wolken
aus den Wiesen Europas hinüber zum Nil.

Doppelt so groß wie die Lerchen
sind sie voll Unkrautsamen.
Auch nach Deutschland schmeckt ihr Fleisch.

Es blieb den Propheten zwischen den Zähnen,
als ihnen ein Sturm zur himmlischen Nahrung
zwei Ellen hoch die Wachteln hertrieb.

Das Fleisch, diese Segnung, war nicht zu zerkauen
und bleibt uns bis heute unverdaulich,
wenn wir vorm Mordberg der Geschichte

Gebete für die Toten sagen.

(nach 4. Mose 11: 29-33)

Die Verlausung

Die Bestimmung der Laus
ist die Verlausung.
Der Liberale wird dem
wohl kaum widersprechen.

Ihn juckt ihr Biß,
und er wird sich kratzen.
Doch damit treibt man
die Verlausung nicht fort.

Es bleibt auch unnütz,
Tuchfahnen zu schütteln,
in deren Falten
das Geziefer gern lebt.

Der Rocksaum allein
ernährt keine Läuse.
Ihre Sucht nach Blut
verseucht uns zur Blutsucht.

Wir haben uns hart
zur Wehr zu setzen.
Dies ist eine Einsicht
und ist nicht vertilgbar:

Selbst in Gaskammern nicht.

(nach 2. Mose 8:12-15; Jesaja 51:6)

Flüchtendes Rebhuhn

Wohin flieht das Rebhuhn,
wenn kein Land mehr gelobt ist?
Kennt ihr die Quoten
für die mit den Koffern?

Sie stehen verstört jetzt
wie die Töchter Moabs.
Keine Furt ist zu sehen,
sie mißtrauen dem Strom.

Und während sie lagern,
verläßt sie die Angst nicht.
Zertrampelt das Weggras,
geplündert die Nester:

Keine Mutter wurde verschont.

(nach 5. Mose 22:6-7; Jesaja 16:2)

Die roten Rehe

Sulamith, deine Brüste
waren zwei Kitze unter Rosen.
Jetzt tragen die Rehe
die Schnittschnur am Hals.

Einst schnitt der Gedungene
die Lunge aus dem Rehleib,
die zeigte er vor
und das Herz für die Tat.

Die Mörder fälschen
nicht mehr die Beweise.
Sie bringen in Treu
zu End ihre Sach.

Sie fälschen nur
die Erinnerungen.
Um mich ist Irrwald,
und Schnee fällt mir rot.

(nach Jeremia 14:5; Hohelied 4:5)

Der Zeckenbaum

Mein Bruder Jonah,
wie sind wir enttäuscht,
wie sind wir verbittert,
wie sitzen wir sprachlos
vor Niniveh.

Wie sind wir erschüttert,
wie sind wir entrüstet,
denn was wir berichten
davon, wie es sein wird,
dem bleiben sie taub.

Da liegen Befehle
und stoffene Sterne,
doch sie sind wie Käfer:
Mit dem Mahlzahn zerbeißen
sie Zeugnis und Blatt.

Da ist Isolierdraht
und Rest von den Öfen,
sie deuten sich's anders
und brechen sich sinnlos
die Wahrheit zustück.

Wir stützen uns mühsam
aneinander und aufwärts
im Schatten des Baumes,
des Gerechtigkeitsbaumes,
der hochschießt und eingeht.

Sein Holz ist ein Beizholz,
sein Saft riecht nach Rizinus,
schon laublos sagt er:
Auf mir sitzen Zecken,
so reißt mir, so reißt mir

die Zecken doch fort.

(nach Jonah 4:6-7; 5. Mose 28:39)

Wie Davids Büffelopfer

Über den Marmorfries des Titusbogen
zieht immer noch das Volk
in römische Gefangenschaft.
Uns Kinder trugen Väter.

Sie schleppten auch den Tempelleuchter
zum Zeichen ihres Bundes mit.
Früh mußten wir das Schleppen lernen
im Zwangstransport.

So blieb es unverändert eingeübt
bis in das Zwanzigste Jahrhundert,
das Zeitalter der Mordfahrpläne
und der plombierten Viehwaggons.

Zu Davids Zeiten trat am Büffelhals
die Kehle scharf hervor,
wenn man dem Tier den Kopf
nach rückwärts für die Klinge riß.

Wer als Soldat jetzt an der Rampe
die Opfer Schub um Schub empfing,
der hörte weder Zitherspiel noch Zimbeln
und Kinderweinen kaum.

Die Lade stand mit Gas gefüllt,
da konnte keiner um sie tanzen.
Den Leuchter schlug Gewalt entzwei,
doch seht nur hin: Uns brennen Lichter!

Von denen sang einst David schon.

(nach 2. Samuel 6:10-14; 8:2; 22:29)

Säue vorm Weinberg

Im Bergwald rudeln
und rüsseln die Säue.
Sie pflügen aus Unsaat
Verwüstung als Ernte.

Feucht schütteln sie sich
aus dem Pißbett der Suhlen.
Nach unseren Weinbergen lüstern
drängt sie's vor den Zaun.

Aus Hartholz ist der
wie unterm Strohsack die Koje,
aus Tischholz, aus Bankholz,
mit Pantinen verkeilt.

Aus Holzbohlen ist er
von Lagerbaracken,
mit dem Beil roh behauen,
nicht gekälkt, nicht geteert.

Von innen ist er
wie unser Schwur widerständig
am Mahnmal der Opfer,
am Mahnmal des Grauens.

An die Bretter genagelt
liest auf Winkeln man Ziffern:
6 000 000 stehen
im davidischen Stern.

Was bleibt, sind die Psalmen
von der Arbeit am Weinstock,
dem harken wir Furchen,
schon strömen die Ranken

grün strömt es bis ans Meer!

(nach Psalm 80: 9-14; Jesaja 5: 1-7; Hosea 10: 1)

2

Elefanten aus Tarschisch

Aus Tarschisch kamen Schiffe
voll Elfenbein für Ahabs Haus.
Und niemand weiß, wo Tarschisch liegt.
Aus Tarschisch kamen Schiffe.

Den König Ahab hielt sein Volk
mit Stützen hoch mitten im Kampf.
Aus ihm floß alles Blut,
sie hielten ihn mit Stützen.

Mit Elefanten zogen Krieger
im Heer des Alexander auf,
vom Indus bis Jerusalem.
Mit Elefanten-Heeren.

Da leckten kaltes Blut die Hunde
am Teich, wo man die Wagen spülte.
Die Huren badeten im Blut,
die Hunde leckten.

Und Friede ist doch nicht,
wo alle Friede, Friede rufen.
Denn niemand weiß, wo Tarschisch liegt.
Nein, Friede ist noch nicht.

(Nach 1. Könige 10:22; 22:39; 10:18; Jeremia 8:11)

Der Kriegs-Uhu

Der Krieg setzt fäustlings
den Uhu in die Trümmer,
der wartet im Dunkeln
auf den Auszug zum Fang.

Sein Flug steht beschrieben
als Meßschnur der Verwüstung.
Das Lot der Verödung
zieht ihn zum Sturz.

Starr ruckt sein Kopf
mit dem einzigen Auge.
Einäugig und würgend
überblickt er die Szene.

Die Stätte des Uhus
ist die Nacht nach den Kämpfen.
Wenn du nach Leichen dich bückst,
ihren Namen zu suchen –

erschlägt dich
    der Fall einer Wand.

(nach Psalm 102:7; Jesaja 13:21 & 34:11)

Füchse vom Berg Zion

Wüst lag der Berg Zion,
die Füchse berannten ihn nachts.
Wie bellten sie durch die Dornen.
Der Mond stand so nah.

Das Jaulen klang nach Klagen
der Fähen und ranzenden Rüden.
Sie scharrten nach Knochen, sie wußten,
der Berg war ein Schemel nach oben.

Der Berg war vom Himmel zur Erde
ein Trittsteg für suchende Engel,
die wandern verstört zwischen Häusern,
zerschossen von Licht und von Lärm.

Sie blicken sich um zu den Sternen,
da bricht im Transistor Alarm aus.
Nicht Füchse, Soldaten bewachen
die Täler und Zion, den Berg.

(nach Klagelieder 5:18; 1. Chronik 28:2)

Levjatan

Wär's ein Krokodil aus dem Nil nur,
das sich sonnt auf der Sandbank,
wir schlängen es bald in ein Netz.
Um sein Leder feilschten die Händler,
man schnitzte Pfeifen aus seinem Zahn.

Ein Vogel wär's zum Spiel an der Schnur.
Doch so sanft wird mit uns nicht gesprochen.
Aus dem Meer macht er einen Kessel
und zischt durch die Tiefe des Himmels.
Ein Auswurf ist er und Schrecken.

Da denke an Kampf, an nichts weiter!
Mit Stechzeug und Haken gerüstet
erwarte ihn wachend. Wehe, du schläfst!
Bring deinem Fleisch einen Schnitt bei,
und streue Salz in die Wunde.

Bleib wach! Die Faust auf ihn setzen!
Warum soll die Angst vor ihm hüpfen,
da es zu Ende geht mit ihm?
Die kommende Welt wird ihn zerstückeln,
wie eine Suppe sei er gebrüht.

Vergraben im Sand und mit Tarnung benetzt
liegt er vor uns und lauert.
Die Händler verschleppen ihm alles Gut,
er feilscht mit ihnen um Waffen.
Groß ist er und nicht groß:

Die Faust ihm auf die Stirn!

(nach Hiob 40:25-41:23)

Blutmilch

Wer zählt das Vieh?
Die Gauchos schneiden
die Kälber ungeboren
den Mutterkühen aus dem Bauch.

Den Schafen reißen sie ums Vlies
die Lammtracht aus;
an Börsen wird
mit Karakul gehandelt.

Warum sollten die Hirtenkinder
mit dem Gewehrlauf da
und mit dem Bombenzünder nicht
in Sodomie verkehren?

Wer lehrte sie?
Es hilft kein Waschen:
Auf Kleid und Haar
fällt uns die Asche.

Bis einer kommt,
der wieder sagt:
Das Böcklein darfst du nicht
im Milchfett kochen.

Solang färbt Blut den Honig.

(*nach 2. Mose 23:19*)

Die Hundsfliegenplage

Ein erstes Insekt verließ sein Loch,
da konnte man denken,
alles sei in Ordnung,
alles sei noch gut.

Zwei weitere folgten ungesehen.
Sie flogen durch den Anger
und krochen in einen Topf.
Auf einmal summte es dunkel.

Es kam. Die Kinder lachten
über das Kribbeln und Kitzeln,
dann fingerten sie Schwarzes
mit dicken Köpfen aus dem Mund.

Gebissen schlugen die Leute
auf allen Hausrat und das Geschirr.
Sie droschen die Wolken
und meinten die Wolken.

In den Wolken der Lügen
erschlich sich ihr Pharao
das Ende der Heimsuchung
durch ein neues, viertes Versprechen.

Wenn Staatsmänner verhandeln,
zählen Verträge nur durch Erfüllung.
Für den Fehlfall erwarten uns Plagen
jenseits der möglichen Rettung:

Nicht gebilligt und nicht gut.

(nach 2. Mose 8:17-28; Psalm 78:45)

Der Floh springt weit

Zweimal nahm David
den Floh in sein Gleichnis,
denn Saul, der Verfolger,
setzte ihm nach.

Wie gewaltig spannt sich
sein Fluchtbeinbolzen.
Kein anderer schleudert
sich weit wie der Floh.

Er vermehrt sich im Abfall.
Fährten der Furcht
hinterläßt sein Stechen.
Man kratzt ihn nicht tot.

Wollten wir technisch
einem Floh hinterher,
wir würden zerbersten,
beim Aufprall zerschellen.

Lichtweit wie ein Funke
springt das Gleichnis Davids,
der verfolgt war, ein Flüchtling –
wie die vielen nach ihm.

(nach 1. Samuel 24:15; 26:20)

Samson und die Bienen

Von Samson barhändig zerrissen
verdorrt ein Raubtier am Weg.
Im Rippenkorb des Kadavers
beschließen Bienen ihr Nest.

Mit Pollen von Sorgenkräutern
befrachten sie die Waben.
Sie werden zu einer Waffe,
wenn man sie in Kürbiskugeln sperrt.

Dann wirft man sie über die Schläfer
wie heute Geschoßregen prasseln
aus Rohren aller Kaliber.
O, käme Samson herbei.

Damit Empörung ihm salbe
die Faust mit dem Eselskinnbacken,
die dröhnend aufs Pult schlug
als eiserner Hammer des Zorns.

Damit seine Lunge ein Balg wird
für den Aufschrei des Friedens,
der die Verfolger verfolgt
von Seir und Horma bis zum East River.

Doch zerschoren und zerstört
vom Vergessen ist die Legende;
sandverscharrte Zeitungsberichte
und ein Grabstein sind geblieben.

Panzerkadaver verdorren am Weg.

(nach 5. Mose 1:44; Richter 14:8-9)

Die Kobra

Flach ist ihr Kopf und Brand ihre Farbe,
sie rutscht wie die Tanks mit Schuppen gepanzert
auf dem Bauch durchs Geröll.
Ihr Zahn spuckt Zerstörung und Gift.

Aus ihrem Samen sind Flugzeuge gestiegen
als feurige Drachen an die Himmel.
Sie gleicht nicht mehr der krummen Wurzel
vom darbenden Baum. Sie gleicht den Raketen.

Zugesichert ist uns die Magie der Stöcke,
aus Kupfer geschmiedet und hochgehalten:
„Seh er nur hin! Der Gebissene wird leben!"
Und lebend zog weiter das Volk.

Als Warnantennen und radargeschmiedet
stehn rings auf den Bergen kupferne Maste.
Wo liegt der Segen auf solchen Stäben?
Wer sagt, daß die Schlange nicht lügt?

(nach 4. Mose 21:6-9; Jesaja 14:29)

Bileams Eselin

Eine Düsenjägerstaffel im Tiefflug
rast donnernd über die Landschaft,
da fällt Bileams Eselin in Panik,
querfeldein ergreift sie die Flucht.

Ein Manövertroß Panzerfahrzeuge
staubt als Kolonne über die Straße,
da drückt sich das Tier an die Mauer,
drückt Bileam den Fuß an die Wand.

Im Hohlweg zwischen Fabriken
gärt in Schwaden das Teergift und Ölgas,
da bricht Bileams Eselin nieder,
sie trägt ihren Reiter nicht mehr.

Und unter Bileams Hieben
spricht sie zu ihm diese Worte:
Der Krieg um Profit bringt Verderben:
Was willst du auf diesem Weg?

(nach 4. Mose 22:21 ff.)

Fluch auf die Fliegen

Eine Drohung sind uns die Fliegen,
Verderber der Salbe für jegliche Wunde,
ein Schaden, davon uns kein Heil kommt.
Sie rennen vom Abtritt zur Küche.

Jesaja beruft sie vom Ende der Wasser,
die Büsche entlang vom Geröll in den Bächen,
daß ihr Geschmeiß die Hecken beschwärme.
In Massen bringen sie Übel.

Sie kommen in Wolken wie die Wespen aus Assur,
ein zischendes Heer, ein hergezischtes,
bald über allem und marodierend.
Es trifft sie kein Wort, keine Peitsche.

Sie schätzen die Wärme und meiden das Feuer,
sie fliehen den Rauch und sind bei den Kohlen.
Die Freßlust des Krieges entfacht ihren Hunger
am Backwerk verkrusteter Leichen.

Sie sind uns wie Söldner:
    Ein Fluch ohne Heil.

(nach Jesaja 7:18; Prediger 10:1)

Brennende Schakale

So einer war Samson:
Trieb dreihundert Schakale
mit brennenden Schwänzen
den Feinden ins Feld.

So einer war er,
der dich liebte, Delila:
Er tat es aus Rache
und Raserei für das Recht.

Jetzt sind sie dabei,
Verbände zu bündeln,
aus denen fließt Feuer
vom Himmel herab.

Jetzt zerren, Delila,
Raketen an Lafetten.
Wie Schakale, die brennen,
woll'n sie aus den Gruben.

Für Samsons Haar
brauchst du keine Schere.
Er wird verlodern
mit dir und dem Stroh.

So nütze die Zeit,
ihm beizustehen.
Es hängt die Welt in der Waage,
wie schon auf Babel gesagt ist:

Sie hängt an einem Haar.

(nach Richter 15:4; Jesaja 13:22)

Die Bärin

Sie spannt die goldenen Schultern,
die Bärin Hoseas,
deren Liebstes ihr fortkam –
sie spannt ihr Gebiß.

Nicht aufs Schaf bei den Steinen
wirft jetzt sie die Tatze.
Sie stürzt auf den Schützen,
der ihr dies antat.

Der die Jungen ihr abschoß,
die Liebsten,
eine Hoffnung viel zarter
als Honig im Baum.

Ihr aber lacht,
ihr Räuber in den Völkern,
deren Stecken dünn geschält sind
und zerschlissen der Schurz.

Vergebens höhnt ihr,
ihr gierenden Schützen.
Hoseas Bärin, die reißt euch
von der Beute die Hand.

(nach Hosea 13:8; 1. Samuel 17:34)

Kopfunter hängt die Fledermaus

Es sei gewarnt
vor allem fliegenden Gewürm,
das sich auf allen Vieren streckt.
Verworfen ist sein Fleisch.
Das gab der Ewige –
Er gab es zu Diktat.

Verworfen sind wie Aas
die Götzen mit Goldepauletten
und silbernen Kokarden.
Ist es die Fledermaus beim Abendflug,
die mit Ultraschall den Feind anpeilt,
ist ihr Donnerverband unterm Himmel?

Kopfunter hängt das fliegende Gewürm.
Hängt es! An seine Mordraketen!
In Weinbergen der Nachbarschaft
in Schulternähe sind durch uns
dem Wasser Gräben auszuheben.
Dies gab der Ewige –

Er gab es zu Diktat.

(nach 3. Mose 11:18-19; Jesaja 2:20)

Hengste, Stuten, Maultierschmuten

Aus Altväterzeit, als Mardechai lebte
und Haman die Juden mit Grausamkeit quält',
wird uns im Xerxesteil der Bibel
von maultierreitenden Boten erzählt.

Ein Strick der Zaum, als Sattel nur Säcke,
so tragen sie Befehle durchs Land
zu Fürst und Herrscher und Satrape,
mit Petschaft gesiegelt von Königshand.

In allen Sprachen, hundertzwanzig und sieben,
auch auf hebräisch mit Aleph und Beth
ist darin Frieden zu halten geboten,
wie es bei Esther geschrieben steht.

Wie seltsam: daß die Botschaft des Friedens
als Reittier sich den Halbesel wählt.
Hengste, Stuten, Maultierschmuten,
einhundertzwanzig und sieben gezählt.

Wer wollte die Zeichen entziffern
der Tierart, die keinen Nachwuchs gebiert?
O Frieden, wann wirst du besiegelt
und dein Gebot in das Gen programmiert?

(Nach Esther 8:9-11; 1. Könige 1:38; Jesaja 66:20)

Dem Pferd zertrennt die Sehnen

Ein neues Werk der Barbaren
war der Krieg mit Wagen und Pferd,
wie uns der Chronikschreiber
im Buche Josuas lehrt.

Doch gebt der Wahrheit die Ehre:
Volkshaß auf die Reiterei
schnitt damals Beutehengsten
die Beinsehnen entzwei.

Was blieb von den Kavallerien?
Gekrümmt und verkommen sind all.
Gott Jakobs, du bringst deine Feinde
in Zorn und in Güte zu Fall.

Drum rühm ich das Aufbegehren
der Gläubigen heute und jetzt,
da man uns neuen Methoden
der Kriegsbewaffnung aussetzt.

So sehr elektronische Zunge
den Haß in den Häusern entflammt:
Mit dem Strahlenschlag der Raketen
sind Feind und Freund verdammt.

Kriegsrosse oder Panzer –
wer den Haß zum Herrn sich sucht,
steht bald auf der Seite von Mördern:
Auf immer sei er verflucht.

Zerschneidet der Kriegslust die Drähte
an Flugzeug, Geschütz und Gerät:
Der Friedliche nur ist gesegnet,
wie im Buch der Bücher es steht.

(nach Josua 11:9; Jesaja 2:4)

Der besiegbare Löwe

Laßt mir mein Bett, fleht der Faule.
Wer möchte sein Haus früh verlassen,
in den Gassen streichen Löwen umher?

Erheb ich mein Haupt nur, klagt Hiob,
jagt Er mich, der Unbegreifliche,
jagt mich wie Löwen über den Sand.

Marx schrieb: Ein Volk, das sich schämt,
gleicht dem Löwen,
der sich zurückzieht zum Sprung.

Wenn er brüllt, fragt Amos,
wer soll sich da nicht fürchten?
Beim Raubzug brüllt er nicht.

O Arje, der verwundet
kein Fleisch und nur Kraut frißt,
um sich das Blut zu stillen.

Neue Schwingen sind dir gewachsen!
Der Stein muß von Daniels Grube,
damit man dir Ketten anlegt.

(nach Sprüche 26:13; Amos 3:4 & 8; Hiob 10:16; Daniel 6:17-25)

Die Turteltaube

Öl troff vom Ölblatt.
Teer klebte
der Taube an der Brust.
Sie kam wieder.

Langsam fliegend
zerrte den Zweig sie
zur Arche – und zu uns.
Es war schrecklich.

Sie lahmte
wie eine Dronte,
fast verdarb sie
uns in den Händen.

Doch einmal, ja einmal
kehrt sie nicht wieder.
Der Winter ist vergangen,
fort ist der Regen, dahin.

Überall stehen Blumen
in der Weltzeit der Lieder.
Die Taube senkt
den schlürfenden Schnabel.

Sie schlürft wie trunken,
denn um sie ist Frieden.
Und eilig treibt dorthin
unser Ruder das Floß.

(nach 1. Mose 8:8-12; Hohelied 2:11-12)

3

Fischessen

Siehst du die Fettkarpfen plantschen
im Karpfenbassin?
Man ißt mehr als Fisch,
wenn man Fisch ißt.

Man denkt zurück
an die fischlose Wüste,
die Zeit ohne Wasser –
man denkt an Ägypten.

An zappelnde Netze
und an Boote denkt man.
Fisch und Geschichte
verschlingt man nicht achtlos:

Beide mit Gräten gespickt.

(nach 4. Mose 11: 5)

Kopfsprung des Heupferdes

Das Heupferd entspringt geängstigt
allem, was durchs Gras streift.
Und Ähnliches fühlten die Späher
im Land der Riesen des Enak.

Ein selbsterklärtes Heupferd
vor selbstgemachten Riesen
verteidigt sich durch Murren –
dies ist das Programm des Kleinmuts.

In heiligen Dingen, den besten,
geht es hinauf nur, hinauf.
Hinuntersteigen kann man
in diesen Dingen nicht.

Ein Mann mit vier Mänteln im Wind
wird dünner, wenn er sich auszieht.
Das Heupferd häutet sich viermal
und nimmt an Umfang noch zu.

(nach 4. Mose 13:32-33)

Gebratene Mäuse

Aus unsren Brunnen fließt das Wasser:
Den Tieren legen den Mund wir
nicht an die Kehle, den Durst
zu löschen mit ihrem Blut.

Wir spießen keine Mäuse auf
und drehen sie am Feuerstecken:
Wir haben weiße Kachelwände
in kühlen Fleischerläden.

Die Waffenarsenale sind gefüllt
mit Grüngestrichnem und Geheimem.
Die Toten altern fort;
Narrenschweigen gilt als weise.

Wie furchtbar auch die Neuigkeit:
Sie wird uns mundgerecht gewürzt.
So spucke aus
auf dieses Grand-Guignol-Theater –

es fault dir sonst die Lippe.

(nach 3. Mose 11:29; Jesaja 66:17)

Der Wolf im Feuer

Sind die Worte erst Feuer
im Munde der Redner
und das Volk ist wie Holz,
ist es Zeit zum Entspringen.

Dann kümmern den Wolf keine Lämmer
und hingen sie vor ihm wie Lappen.
Sein Magen mag leer sein,
den Hunger verschweigt er.

Er springt über Dächer
und beißt nach den Sternen,
ihn führt nur eines:
Er muß fort und hinaus.

Das Feuer hält immer,
was seine Redner versprechen,
und die Zeit des Beweises
äschert Zeugen zu Staub.

(nach Jeremia 5:6 & 14)

So dankt die Grille

Was liegt der Grille
an deiner Not?
Sie frißt dein Laub von den Ästen.
Sie zwingt dich
in Engnis und Drängnis
und von Fremden zu leihen
gegen goldenen Zins.
Das bekommst du,
der ihr vertraut hat
und dem sie jetzt
mit dem Bein ein Lied schabt.
Sie schabt dir
ein Lied voller Spott,
denn deine Früchte
verstopfen ihr Maul.

(nach 5. Mose 28:42)

Asseln und Ohrgewürm

Was ringflach
wie die Asseln herunterkriecht
vom Herz, naß mit Niedertracht,
macht uns fleckig.

Fell, Sack und Kleid
sind auszuschütteln,
und zu schließen der Mund.
Der Ohrwurm könnte uns stechen.

Das Ohrwurmgespritz jeder Meldung,
der Aasgeruch der Kommentare,
die Niedertracht
könnte uns kotig machen.

Das Gewimmel amüsiert sich beim Tanze
und schlägt die Tamburine dumm.
Den Mund geschlossen halten
und den Fuß aufstampfen

ist dem Aussatz vorzuziehen.

(nach 3. Mose 11: 42; 22: 5)

Seltsame Pferde

Ich besuche einen Roßmarkt,
da stehen nur Limousinen.

Die Händler sind keine Armenier,
sie nicken wie vor dem Tenno.

Sie lächeln mit gelbgroßen Zähnen,
die Wagen sind voll garantiert.

Beim Probieren wiehert die Bremse,
und Hengstharn riecht nach Benzin.

Die obere Lippe schwankt mir:
Am Spiegel hängt als Engel

ein Kunstharz-Amulett.

(nach Ezechiel 27:14)

Gefilmte Spinnen

Die Spinne wirkt mit den Händen
und ist in der Könige Schlösser,
dies übersetzte uns Luther.
Bei Arnheim aber heißt es:
Mit den Händen kannst du sie fangen,
und doch ist sie im Königspalast.

Im Horrorkino kannst du
Haarspinnen vergrößert zeigen –
und wirst daran fürstlich verdienen.
Du kannst sie beim Netzweben filmen
für ein Lehrprogramm des Fernsehens,
das bringt dir so gut wie nichts.

(nach Sprüche 30: 28)

Die gefleckte Herde

Nein, keine Gewerkschaft
verteidigte Jakob, den Hirten,
als Laban ihm zehnmal
die Löhnung bestritt.

Da griff er selbst
aus der Herde Gefleckte
und stellte die Böcke
zu den Ziegen mit Sprenkeln.

Er ‚mendelte aus',
wie die Züchter jetzt sagen.
So war es schon damals,
zu Labans Zeit.

Um Rahel und Lea
müssen wir nicht mehr dienen,
doch Lohnbestreiter
sind weiter aktiv.

O würdet ihr wach nur,
ihr Ziegenhirten!
Und lerntet von Jakob:
So mendelt man aus.

(nach 1. Mose 30:32-43; 1. Mose 31:9-12)

Die Anmut des Schweines

Sie treiben durch deinen Garten ihr Schwein
mit einem Ring aus Gold in der Nase.
Wird die Verblüffung dich täuschen,
daß der Garten nicht stinkt wie ein Pfuhl?

Sie nehmen dich in die Lehre,
und mit gestohlenem Gold wirst du beschenkt.
Niemand wird dich einen Hehler nennen,
wenn du mit Anmut zu schweigen verstehst.

(nach Sprüche 11: 22)

Gesponnen und mürb

Ein Betrüger entläuft –
die Spinne webt schnell
vor die Höhle ein Netz:
Ist das denn Sicherheit?

Und es sei zu verehren,
daß der Richter genarrt ist
für den Tag der Fahndung?
Mit dem Lügner im Loch wär zu lachen?

Belastet zerreißen zu Fetzen
im Regen die zähesten Fäden.
Verebbt erst der Wind,
gewinnt die Wahrheit an Wert.

Ein Nichts wiegt mein Vertrauen
in die Fettbrunst der Gesellschaft.
Zu laut sind eure Offerten
an vielfarbiger Hoffnung:

Sind mürb wie ein Spinnennetz.

(nach Hiob 8:14)

Affen und Pfaue

Die Affen wühlen wie Verrückte
das Futter aus den vollen Trögen,
und Pfauenhähne spreizen sich
verschwendungsprächtig vor den Hennen.

Vom Meer frisch angeliefert
tropft Überfluß aus goldnen Schüsseln.
Mit nackten Schenkeln schickt das Volk
die Töchter auf die Straße.

Die Affen reißen Pfauenfedern aus
und drehen wilde Purzelbäume.
Ein jeder, falls er denken kann,
denkt nur an sich und sich und sich.

Mit solchen Bildern an der Wand
sind Untergänge tapeziert,
wie sie den Völkern immer wieder
in höchster Schönheit widerfahren.

(nach 1. Könige 10: 22; 2. Chronik 9: 21)

Skorpione aus Gold

Da ist ein Goldschmied,
der gießt nur Skorpione
in verlorene Formen:
Innen Wachs, außen Ton.

Er hängt sie an Kettchen,
an Spangen und Gürtel,
die Tiere des Goldschmieds,
Skorpione aus Gold.

Und wird er gefragt,
so hört man ihn sagen:
Gold hat noch keinen gestochen –
das merkt euch, wenn wieder

ihr durch die Wüste zieht.

(nach 5. Mose 8:13 & 15)

Zum Beispiel die Ameise

Man sieht sie in fruchtbaren Massen,
doch ist nie fruchtbar, die man sieht.
Machtlos ist sie und behende.

Unter den Tempeln baut sie sich Nester,
die Tempel sind unterm Boden.
Alles teilend hat sie Teil an allem.

Arm wandert sie durch die Armut,
lebt ohne Gebieter noch Vogt,
an niemand entrichtet sie Zoll.

Durchtrieben ist sie:
Schwimmt durch Schalen voll Wasser
zu den vier Beinen des Bettes.

Geschäftig sticht sie
den Faulen mit den verschränkten Armen,
der nicht heraus will aus seinem Schlaf.

(nach Sprüche 6:6-8; 30:25)

4

Die Umwelt des Nilpferdes

Sieh den Nilpferdbullen:
Er frißt Gras wie ein Ochse,
in seinen Lenden gärt Geilheit,
sein Glied steht gesteift.

Und wir bedenken.

Um seine Hoden
sind Muskeln geflochten,
er hat Knochen wie Röhren
und Eisenstäbe zum Gebein.

Und wir bedenken.

Er liegt gern im Schlamm
und sucht die Ruhe des Moores,
von Büschen verdeckt,
von Bachweiden beschattet.

Da er gewaltig
vor uns aufreißt das Maul
und in sich den Strom schluckt
zum Jordan-Leertrinken –

bedenken wir:

Wie ihn schonen
und trotzdem ans Ufer
Meiler bauen
für Atomenergie.

(nach Hiob 40:15-23)

Den Fischen ein Schrecken

„Von Engedin bis Eneglaim
sei gefüllt alles Wasser
mit allem, was wimmelt,
mit allem, was schwimmt!"

Ohne Ausgang ist das Salzmeer,
es fließt in die Sonne.
Ist nicht der Hochmut
gesetzt vor den Fall?

Und nicht Zauber füllt
unsere Ströme, unsere Bäche
mit Blut und mit Fäulnis:
Wir führen den Stab.

Wir trüben die Flüsse,
wir treiben die Eier
mit Gift aus den Fischen.
Wir gällen alles mit Gift.

Dem Getier der Gewässer
sind wir kein Freund,
sind ihm ein Schrecken,
der uns keine Ruh' läßt:

Er hängt über uns.

(nach 1. Mose 9:2; 2. Mose 7:17-19; Ezechiel 47:10)

Kein Weih über Edom

Wir machen Edom vollkommen,
vollkommen zum Verfluchen,
vollkommen zum Verdorren,
ein Land ‚für die Rache des Herrn'.

Nicht Rohrdommel, Weih oder Natter
trifft man oder Igel in Edom.
Das Flächenbauamt baut sich Steppen
aus Plastikmüll und aus Schrott.

Der Rauch steht schwer unterm Himmel,
der Smog steht über den Städten,
darin will der Weih nicht leben,
ersticken wird der Weih.

Aus Deponie und lecken Schächten
schwelt Gas von Abfallhaufen.
Die Rohrdommel will nicht brüten
in Schwefel und Pech und in Schlamm.

Die Phantasie ist verkümmert,
verloren der Schauder vorm Dibbuk,
vorm Golem zu Prag und vorm Knöchlein,
das alles zusammenhält.

Einmütig herrscht in den Sälen
der überbelegten Spitäler
ein Zwielicht enormer Verzweiflung,
ein Fettgestank blutig und dick.

(nach Jesaja 34: 8-15)

Das Fell des Leoparden

In der Zeit des Staubes vor langem
und vor dem ersten Menschen
sprang der Leopard
auf den Mond.

Er wollte nicht
zu den Lämmern in Frieden,
er wollte in Gier zu den Lämmern,
da traf ihn ein Tritt.

Seither ist sein Fell gezeichnet
mit der Trittspur einer Sohle,
denn so war es damals:
Sein Fell war wie Staub.

Wieviel sich verändert
und dauernd verändert:
Leopard, Lamm und Fußspur
verändern sich nicht.

Wir sind auf dem Mond
und wir tragen Schuhe
und wir sind der Fußtritt
und wir treten Flecken

ins Fell der Ewigkeit.

(nach Jesaja 11: 6; Jeremia 13: 23)

Geschrei aus dem Fisch

Drei Tage im Bauch des Fisches,
drei Nächte
im Bauch der Hölle
schrie Jonah um Hilfe.

Schrie, in die Tiefe geworfen,
umgeben von Flut,
schrie in den Wellen,
die schlugen zusammen.

Im Hafen von Charleston
tauchte erstmals im U-Boot
ein Mann namens Hunley –
sein Torpedo zerriß ihn.

Er sank in die Tiefe
zu schnell für Geschrei.
Schrieen wir doch wie Jonah
im Fischbauch der Hölle:

Uns könnte geholfen sein.

(nach Jonah 2:1-4)

Saul und die Eselinnen

Als Saul die Eselinnen seines Vaters suchte,
kam er zurück mit dem Knecht
und war zum König ausersehen.

Als Johann Kunckel auf der Pfaueninsel in Berlin
den Alchimistenstein der Weisen suchte,
stieß er beim Gläserschmelzen auf Rubinkristall.

Und immer werden die Kinder uns fragen:
Wer setzte die Punkte des Puzzles zusammen?
War dies ein beliebiger Zufall –

war dies nicht doch gefügt?

(nach 1. Samuel 9:3 ff.)

Heuschrecken am Horizont

Gefürchtet sind die Heuschreckenschwärme,
„sie haben keinen König
und ziehen doch aus ganz in Haufen".

Ostwind bringt sie, Westwind nimmt sie.
Sie fressen das Gras dem Vieh unterm Maul fort.
Von ihnen ernähren sich Beduinen und Störche.

In Kuwait verkauft man sie auf der Straße.
Reporter berichten, wie würzig sie schmecken:
Den Medien schmeckt jederzeit alles.

Der Staat läßt Essig über sie sprühen,
denn was ihm schadet, muß sauer verenden,
das schließt messianische Boten nicht aus.

Dem Horizont entschwärmen neue.

(nach Sprüche 30:27; Joel 2:25; Amos 4:9)

Fleisch vom falschen Hasen

Daß seine Nase beim Fressen wippt,
macht aus dem Hasen keinen Wiederkäuer.
Er hat Pfoten ohne Hufe.

Doch wird er unrein,
sobald wir den Verstand verlieren
und hinter ihm herrennen querfeldein.

Dort jagen die Falkner der Emirate,
dort pumpen sie Gold aus der Erde
und bezahlen die Armen mit Lärm und Gestank.

Hüte dich vor dem Stinkfleisch des Vergessens.
Läuft dir ein Hase durch die Gedanken,
bedenke genau deine Schritte:

Sonst rennt sein Unheil vor dir her.

(nach 3. Mose 11:6; 5. Mose 14:7)

Der Gecko

In jeder Fußhand Geduld,
haftet der Gecko am Wandglatt.
Sein Sprung gleicht dem Pfeil,
energisch und ‚klüger als die Weisen'.

Er wählt seinen Platz aus
für den Weitblick des Propheten,
der vors Volk tritt
mit Grimm in der Klage.

Kommen wird die Motte, ruft er,
aus den Falten alter Gewänder,
matt von der Ernte
und feist vom Zerstören.

Dann stäubt es wie Mehl
im Elektrolicht unterm Balken.
Dem Mauleck des Gecko
entfallen zwei gilbe Flügel.

Die Zerstörung der Zerstörung
kündigt sich an und auch nicht.
Auf einmal springt sie,
springt pfeilschnell wie der Gecko –

als Falle der Motte gestellt.

(nach Hosea 5:12; Jesaja 51:8)

Sternzeichen Steinbock

Der Steinbock zieht mit den Sternen
als Capricornus am südlichen Himmel,
zieht in Saudi-Arabien mit dem Mondgott,
ist im Kongo ein Abbild der Kraft.

Den Häuptling bekrönt man noch immer
mit frischen Penissehnen,
die sind neuerdings vom Steinbock
und nicht von geopferten Sklaven.

Im Ausharrenkönnen und Hoffen
sind alle Siege begründet.
Es nehmen sich Sterne und Götzen
viel Zeit bis zu ihrem Zerfall.

(nach Hiob 39:1; Jesaja 30:15)

Die Büffel Babylons

In einem Brief aus der Gefängniszelle
zeigt Rosa Luxemburg uns ihre Tränen:
Sie sah zwei ausgepeitschte Büffel
vor einem schweren Karren.

Zu dieser grauen Plackerei
trieben die Turktartaren ihre Herden
von Asien bis ins Donautal.
Ihr Khan verschenkte sie an die Lombarden.

Die Muskelkraft der Roheit ausgeliefert,
beugte das Pflugjoch ihre Rindernacken.
Die Peitschenhiebe klatschten
wie in der Sklaverei von Babylon.

Jesaja, der Prophet, schrie laut,
der Opfer sei es Gott zu viel.
Seither sind Büffelkarren seltener,
doch blieben Plackerei und Joch –

und Augen hinterm Zellengitter.

(nach 1. Samuel 6:10; Jesaja 1:11-13)

Der Zweihänder

Auf den Maulwurf verweist uns Jesaja:
Er wirft seine Hügel zu Molen,
wir bauen sie vor die Häfen –,
auf ihn sind wir verwiesen.

In feuchten Löchern, wie seltsam,
liegt für uns die Hoffnung auf Zukunft
am Tag, da der Richter sich aufmacht
und alles Land erschüttert.

Der Maulwurf durchdringt das Erdreich
wie eine Idee ihr Gefängnis.
Er riecht das Gewürm in den Wurzeln,
im Boden gräbt er und lebt.

Sein schwaches Auge sieht nicht
die Pelzart unseres Kragens,
doch er und wir haben Hände,
auf die verweist uns Jesaja:

Gott hilft uns unter der Hand.

(nach Jesaja 2:19-20)

Der Madensack

Die Maden im Erdkleid
– es wird uns umkrusten –,
die Maden im Lehmkleid
lassen sich Zeit.

Nur unsere Tage,
die eilen und eilen.
Warum da Askese
und dem Tod einen Tanz?

Der Mensch ist kein Sack
für Gewürm und für Maden.
Das Webstuhlgespinst
ist mit Plasten umzwirnt.

Hiob wußte:
Es ist für die Plage
die Schwundzeit schon nahe.
Die Garben sind grün!

Und der Mähdrescher mäht!

(nach Hiob 7:1-6; 2. Mose 16:24)

Die Töchter des Blutegels

Zwei Töchter zählt man
zu des Blutegels Kindern.
Bring-her heißt die eine,
die saugt sich an Äußerem fest.

Bring-mehr heißt die andere,
die saugt den Sinn aus den Schriften.
So kommen sie beide
fett aufgeprallt heim.

Tunkt man in Salz,
die an Äußerem hing,
erbricht sie ihr Blut,
sie läßt es heraus.

Die aber gelernt hat,
weiß diese Dinge.
Denn Lernen, so heißt es,
bewegt Lebendiges und Totes.

Lernen ist unersättlich
wie Forderungen der Hölle,
wie fließendes Wasser,
wie Feuer, das nie sagt:

Ihm sei es genug.

(nach Sprüche 30:15)

Dreierlei Ratten

Drei Arten von Ratten kenn' ich
ähnlich den Steinen beim Loswurf
zu Eleasars, des Priesters Zeit.

Am nackten Schwanzfleisch
schleppt die Sorte, die braun ist,
die Pest durch die Völker.

Die gefräßige graue
beißt sich durch Bretter und Säcke,
das ist ihre Art.

Für unsere Ärzte aber
züchten wir Ratten
wie Verbandswatte weiß.

(nach 3. Mose 11:29; 4. Mose 27:21)

Vom Widder im Busch

Als Abraham den Widder erblickte
hinter sich verfangen
mit den Hörnern im Busch,
überkam ihn das Zittern vorm Messer.

Nichts ist mehr gesegnet
als die Liebe zwischen Vater und Sohn.
Seit damals sind Menschen als Menschen
füreinander sorgend da.

Ein Wundarzt ums Jahr siebzehnhundert
verschlauchte einem Kranken
und einem Hammel die Adern –
sein Messer durfte nicht zittern.

Vom Herz des Hammels sollte
Gesundblut den Siechen beleben.
Vor den Forscheraugen des Arztes
starben Schaf und Patient.

Mit Geiz begleitet der Segen
die Entwicklungsfehler der Zeit.
Konserve und Transfusion kamen später –
und alles begann mit dem Widder,

der sich im Buschwerk verfing.

(nach 1. Mose 22:13)

Die Kamelstute

Die brunstende Stute unter den Kamelen:
Ein Vokal ist ihr Geschlecht
und ein Zeichen in jedweder Schrift.

Umher rennt sie wie von Sinnen.
Verfolgen muß sie der Hengst,
bis sie niederkniet.

Wenn sie die Vulva ihm öffnet,
legt flach sie das Ohr an die Erde.
Gestreckten Halses liegt sie da.

Dem Sandkorn enthört sie die Verkündung:
„Bedeckt sein wird das Land einst
mit Füllen aus Midias und aus Epha.“

Bedeckt sein wird das Land einst
mit denen, die es befruchten,
und nicht mit bleichem Gebein.

(nach Jesaja 60: 6)

5

Garn für Rabbiner

Sind auf Jakobs Leiter
die Engel geflogen?
Gestiegen sind sie –
das ist nicht gelogen.

Warum sie nicht flogen?
Bei Mamas Perücke –
sie war'n in der Mauser
und deshalb nicht flügge!

Ich bin völlig ehrlich:
Ich sah Meereszziegen
gehörnt aus dem Wasser
ins Himmelreich fliegen!

(nach Babylon. Talmud, Bawa batra 74à)

Spatzen unter sich

Mit aufgeblasnen weißen Backen
protzt laut ein Spatz vor seiner Spätzin:
„Was ist das schon, ein Präsident?
Den schlag ich links k. o.“

Als dies der Präsident erfährt,
läßt er den Kerl zu sich bestellen.
Der steht ihm Rede, und er sagt:
„Wieso? Ich? Terrorist?

Du weißt bestimmt so gut wie jeder,
daß Männer auf die Pauke hauen,
wenn sie mit ihrer Freundin sprechen?
Das ist doch selbstverständlich!“

Wieder zurück fragt ihn die Spätzin aus.
Verachtungsvoll berichtet er:
„Der Präsident bat mich um Gnade,
damit ich ihm keins überziehe –

mit meinem linken Flügel.“

(nach Psalm 84: 4)

Pelikan beim Fischfang

Pelikan heißt Schalach auf hebräisch
und ist kein meschuggener Fisch.
Ein meschuggener Fisch aber wird er,
wenn man ihn falsch übersetzt.

Schalach führt zu Schalenuna,
nuna ist mit Fisch übersetzbar,
und ferner kommt auf polnisch
schalai auf meschugge heraus.

Wenn nun der Schalach ein Fisch ist,
was sucht er zwischen den Vögeln
in jenem Abschnitt der Bibel,
der unreine Vögel behandelt?

Dazu gibt ein polnischer Lehrer
die zweifelsfreie Antwort:
Er sucht was zwischen den Vögeln,
weil er meschugge ist.

(nach 5. Mose 14:17)

Der herrliche Adler

In einem Turm im Meer verschloß
der König seine schönste Tochter
und stellte siebzig Wächter dazu,
das waren alles Greise.

Ein Adler sah mit scharfem Blick
fest schlafend einen Jüngling liegen
und zwar in einem Pferdgerippe,
das schleppte er durch die Luft.

Er schleppte es zu seinen Küken
im Dachnest auf dem Turm im Meer,
denn stark sind seine Schwingen,
und herrlich ist seine Kraft.

Die siebzig aufgestellten Wächter,
die schliefen auch und hörten nichts,
zumal der Jüngling barfuß war,
das schärfte ihm den Verstand.

Darauf wurde die Tochter schwanger,
der Jüngling tauchte zurück ans Ufer,
und ihrem König erklärten die Greise,
wie wunderbar dies sei und herrlich:

Wie der adler hoch in der Luft.

(nach 2. Mose 19:4)

Der gewaltige Frosch

Von Rav Rabba heißt es:
Er sah einen Frosch,
der war wie die Vorstadt
von Hagronja in Babylonien.

Die Vorstadt Hagronja
besaß sechzig Häuser,
so groß war der Frosch,
den er sah.

Eine Riesenschlange
verschluckte den Frosch.
Nun kam ein Rabe,
der verschluckte die Schlange.

Dann wuchs ein Ast
dem Raben zum Sitzen.
Gewaltige Bäume wie dieser
sind selten.

Stark ist der Glaube
an Gewalt und an Wunder.
Und wer nicht dort war,
der hat nichts gesehn.

(nach Babylon. Talmud Bawa batra 73b)

Schildläuse im Tempel

Im Tempelbau des Königs Salomo
war innen alles Gold und Erz und Silber.
Die Künstler preßten rote Farbe
aus Läusen für die Vorhangstoffe.

So kam die Schildlaus, Kermes biblicus,
ins Herrenhaus Jerusalems.
Der Art nach war sie zu verachten,
doch glühte hell ihr Karmesin.

Vom Tempel Salomos in Israel
blieb für die Frömmigkeit und Neugier eine Mauer.
Uns leuchtet neues Rot aus Kohlenteer,
das Perkin 1850 „Tyruspurpur" nannte.

Was kostbar ist, soll selten bleiben.
Vergeßt deshalb die Tempelläuse nicht,
die kleinen Schildinsekten aus der Zeit des Buches.
Verschenkt an sie ein scharlachrotes Lächeln –

ein Lächeln in die Ewigkeit.

(nach 2. Chronik 2:6; 3:14)

Über die Schafe

Den Schafen verdanken wir vieles,
das Opfer Abels, des jüngeren Bruders,
Spinnräder, Webstühle, Streiks,
koschere Koteletts, Osterlämmer
aus Bisquit und auf kahlen Weiden,
Geschorene und die Schafschur zu Karmel,
Frommes über Gemeindehirten,
bösartige Hunde mit Wolfsgebissen,
Schafsköpfe beim Kartenmischen,
Pankreaspräparate gegen Diabetes,
Schnitzereien aus Horn, erbitterte Kämpfe
um Einfuhrzölle für gefrorenes Lammfleisch,
Schäferspiele, Lyrik und Blöken,
Pelze, Pullover, die Geier-Wally,
Hammelhoden und Parlamentarier,
die ihre Gescheitheit errechnen:

Beim Hammelsprung.

(nach 1. Mose 4:4; 1. Samuel 25:2 ff.)

Tonaufnahme Nachtigall

Im Holunderversteck
hängt das Mikrophon.
Unser Aufnahmewagen
steht verborgen im Wald.

Ich liebe dich
und möchte dir's sagen.
Da kommt ein Knacken
im Kopfhörer an.

Auge, Finger und Ohr:
Du bist ganz Kontrolle.
Das Tonband läuft,
und die Nachtigall schlägt.

Die Uhr mißt Sekunden –
wir leben woanders
als in der Liedzeit der Lieder
und ohne Stimme

für Liebe im Land.

(nach Hohelied 2:12)

Schlafbaum der Störche

Schwarz verkohlt stand eine Zypresse,
der Baum für die Flammen des Himmels,
am Wasser. Sein Licht war aus.

Da kamen Störche geflogen,
die kannten die Lärmzeit und Schlafzeit
in seinem harten Geäst.

Er wankte, so viel Leib, so viel Leben
auf ihm wogen schwer. Und er hörte,
von Europa wurde erzählt.

Nachts riß ihn wie Sturm eine Sehnsucht
zu einer weiten Reise.
Er hob seine Wurzel, er flog und flog.

Die Störche erschraken, doch sie wußten
nach Europa den Pfad und entdeckten
bei einem verkohlten Bethaus

die Zypresse, den flammenden Baum.

(nach Psalm 104:17; Jeremia 8:7)

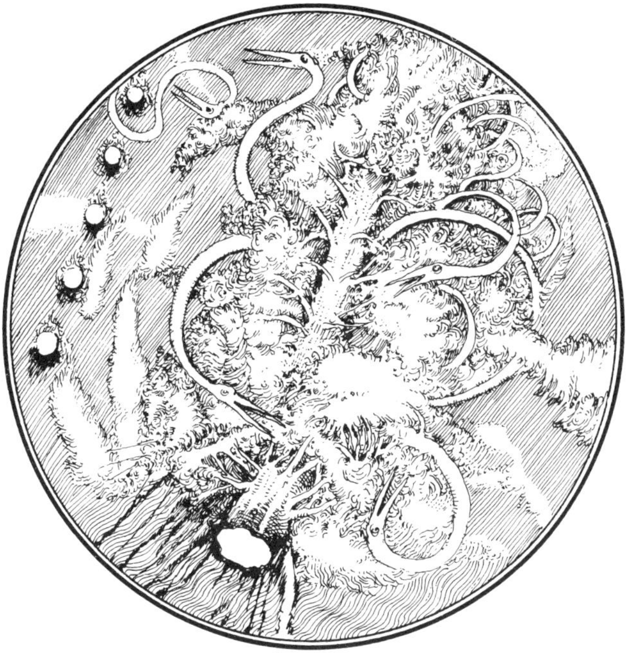

Schauspiel im Dorf

Wenn der Grauesel losrennt
zu seiner Stute,
rennen die Kinder des Dorfes
mit ihm hinaus.

Sie klatschen ergriffen,
denn sie verstehen:
Das Hinterbein-Schauspiel
ist Welttheater.

Debora, die Mutter,
nimmt aus dem Schatten
grünsaftig einen Armvoll
und wartet im Hof.

Der siegreiche Hengst
bringt triefend die Kinder.
Die Mutter singt
Leila Lo Lim –

von der Nacht ohne Schlaf.

(nach Richter 5:10)

Reste des Reihers

Vom Reiher
finden sich Reste
im Zoogehege,
auf Damenhüten
sowie als Hieroglyphe
auf Grabmälern
am Nil.

(nach 3. Mose 11:19; 5. Mose 14:18)

6

Esel und Melone

Da sie auf Hurensuche zogen
und Sara schöner ist als andre Frauen,
lügt Awram um das Leben beider:
Ja, seine Schwester sei sie.

Nach Wüste riecht ihr Hemd und Haar,
als sie vorm Pharao sich wehrt:
Bin ich wie eine Eselsstute,
die deine Leute stehlen können?

Und macht den Herrscher so betroffen,
daß er die Hirtin unbeschlafen
und hoch beschenkt entläßt.
Lüge und Würde – welch ein Paar.

Beim Zeltabbrechen sehen sie
den Esel, der einer Melone
die Schale mit dem Huf zerbricht,
um seinen Zahn daran zu setzen.

Ja, meine Brüder lügen in der Not,
und meine Schwestern wehren sich.
Seit Sara bis auf heute sind
die Zeichen so gesetzt.

(nach 1. Mose 12 : 11-20)

Botschaft aus dem Milchland

Auf den steinernen Lippen
am Hange von Berg Gilead
lagern die Ziegen, die schwarzen,
die wallenden Locken der Nacht.

Ihr Hirte schickte den Herdbock
ins Tal zu uns mit der Botschaft
vom Land aus Milch und Frieden.
Er schrieb auf ein Feigenbaumblatt.

Wir sahen den Bock schon von weitem,
er hatte das Blatt aufgefressen,
da stachen wir ihn nieder
und wühlten in seinen Mägen.

Wir fanden im Kleingekauten
noch diese Worte lesbar:
Geht hinter ihm her, packt die Koffer,
kein andrer als er kann euch führen:

Kein andrer als er kennt den Weg ...

(nach Hohelied 4:1; Sprüche 30:31)

Der Wurm

Mit seinesgleichen macht der Wurm
ein Bett untergrund
und eine Decke mit seinesgleichen.

Ein Grab macht er mürb
dem Klang der Harfen, für die Pracht,
ein Grab für die Macht.

Sein Name ist Jakob, das Würmlein,
es währt an ihm
auf Dauer der Mut.

Im Feuchten lebt er,
und wär's im Kummerfeuchtsalz,
doch ihm ist geholfen:

Er fürchtet sich nicht.

(nach Jesaja 14:11; 41:14)

Noahs Rabe

Sei keiner besorgt
um den Mangel
an schwarzen Gedanken:
Nie bleibt ein Rabe allein.

Entsende einen,
zurück kommen Schwärme,
bald trübt sich der Himmel
vor üblen Gerüchten.

Sie rudern quarrend
zuhauf durch den Sturm
und finden dennoch
zum Schlaf ihren Baumast.

Hin und her übers Wasser
flog Noahs Rabe
und schrie für nichts
und schrie für sich.

Und seht nur: Es trocknet
noch immer die Erde
wie damals
die sündige Haut.

(nach 1. Mose 8:7; 3. Mose 11:13 & 15)

Das Elend des Fuchses

Wie Motke ist der Fuchs,
wie Motke, der Ganef.
Sein Verhängnis
bleibt ungelöst sein Verhängnis.

Wenn er singt,
wird auf ihn geschossen.
Kleidet er sich ehrlich,
verlachen ihn alle.

Kaum leuchtet der Pelz
von Rotfuchs, Polarfuchs,
Wüstenfuchs, Blaufuchs,
schon stehen die Fallen.

Auch Motke versuchte
mit Anstand zu leben.
Er wollte kein Dieb sein,
das erledigte ihn.

Ihn erledigten die Trauben,
wie auf unsere Feinde gesagt ist:
Sie fallen ins Schwert
und werden den Füchsen zuteil.

(nach Psalm 63:11)

Der Hahn

Die Klage geht: Meine Feinde,
die hetzen mich wie einen Vogel,
und ihre Gründe erkannte ich nicht.
Sie singen mit Spott.

Sie spotten wie die Singerl,
so nennt man die jungen Hähne
mit geschnittenem Sporn.
Man stellt sie Schnabel zu Schnabel.

Sie fallen sich an mit Gesträube.
Wer sich verweigert und überrannt wird,
wer sich duckt und nicht mitkämpft,
der gilt als Besiegter.

„Ich bin das Gelächter all meinem Volk,
und ihr Spottlied hör ich täglich."
Welcher Volksteil ist gemeint,
der Besiegte verlacht?

Am Bein ergreif ich den Hahn
und schwing ihn schreiend kopfüber.
(Kapparot am Jom Kippur
nicht mit Geflügelsuppe verwechselnd!)

Der Vogel kennt nicht meine Gründe.
Ihm ist erbärmlich.
Ja, stünde er im Kampfring
und duckte sich nicht.

(nach Klagelied 3:52-53; 3:14)

Vielfischfach

Ohne Weisung ist die Fischzahl
in der Bibel.
In der Bibel
ist nur vielfischfach ihre Zahl.

Sie schwärmen und schweben
im Wasser.
Im Wasser
ist ihr Leben und Reich.

Was bleibt für uns
im Schwerelosen?
Im Schwerelosen
hängt Liebe an uns als Gewicht.

(nach 1. Mose 1:28)

Der Bussard

Woher die Sprenkel
auf dem Brustgefieder
des Bussards, der Aas frißt?
Denn Aas ist sein Brot.

Sind es die Punkte der Tötung?
Liegen die Straßen
nicht gefüllt mit Kadavern,
und kröpft nicht der Tod?

Sind es die Punkte der Einsicht
in uns Verborgenes,
zu sehen von den Stufen
der Wendeltreppe aus Luft?

Sind die Sprenkel des Bussards
ungeeignet für jede Statistik?
Sind sie nur Noten
vorm Ort der Erkenntnis –

die Noten des großen Geheuls?

(nach Hiob 28:7; 28:21-28)

Löwen, Bären, Schlangen

Ein Narr entflieht einem Löwen
und kommt einem Bär vor die Tatzen.
Dann ruht er sich aus bei der Hauswand,
da fällt eine Schlange ihn an.

Der Bär und der Löwe sind klüger,
sie gehen sich aus dem Wege.
Die Schlange verkriecht sich vor beiden,
sie kommen zu dritt ganz gut aus.

Dies ist nach dem Recht des Verstehens,
auf das schon Amos Bezug nimmt.
Er will alle Risse verzäunen,
und Trümmer richtet er auf.

(nach Amos 5:19; 9:11)

Kopfunter und blutend

Das Land riecht rings
nach den Schalen der Zeder.
Herdfeuer leuchten,
denn Holz liegt in Fülle.

Lautsprecher singen
auf dem Bauplatz der Fülle:
Dem Tempeltraum Davids
schneidet das Volk ein Gebälk.

An Stangen geknotet
bringen die Jäger
das Wildbret vom Hochwald:
Kopfunter und blutend.

Brachzeit, wo bist du?
Die Regen trommeln
im kargen Gebirg,
dort bist du hinauf.

Dort oben im Karst
verkalbt die Hirschkuh.
Das Damwild verrennt sich
gehetzt in der Rodung.

Mit dem Betschal verhangen
wollen Weinberg und Ölbaum
ihre Ernte verschenken.
Zu siebt ziehn mit Bündel

die Jahre vorbei.

(nach 1. Könige 5:3; 2. Mose 23:11)

Der Wilde

Wie du ihn bindest –
er läßt sich nicht zähmen.
Kein Schirrzeug paßt
auf seine Brust.

Assyrische Knechte
sahen ihn beißen und toben.
Er kickte sich frei.

Mit seinem Schlachtruf
wurden Festungen belagert,
Steinschleudern
nach seiner Wildheit benannt.

Anos agrios
oder Onager
ist sein Name.

Er zieht es vor,
zu verschmachten,
wenn in Freiheit
sein Kraut nicht mehr wächst.

(nach Jeremia 14:6; Hiob 39:5)

Die letzte Gazelle

„Ein Land wie eine Gazelle“ –
was sagt dies alte Gleichnis?
Wir wollen kein Fett auf dem Glauben,
kein Fett der Heuchelei.

Wir wollen die schnelle Reife
der Frucht in den Feldern der Liebe,
so schnell wie der Huf über Halden
im Hochland von Judäa.

Europas letzte Gazelle
vertraut nur den Bergen.
Die Gemse kennt keine Grenzen
und hält ihr Gelenkband geschmeidig:

Ihrer Tritte gewiß auf der Flucht.

(nach 5. Mose 12:15)

Die Schwalbe

Vom Frühling perlt
ein Sonnentropfen,
den pflückt die Schwalbe
psalmodierend im Flug.

Mehlweiß die Kehle,
lärmt alle Hoffnung
auf spitzen Schwingen
im Sturm hinterher.

(nach Jeremia 8:7)

Der lebende Hund

Feig wird der Hund
nur unterm Fußtritt,
fett wird er vom Mästen.
Ein Hund bleibt ein Hund.

Doch wer Wasser schöpft
mit der Hand, und es leckt
„wie der Hund", steht belobt
vor Gideon.

Wo andere sich vergessen
aus Gier an der Tränke,
steht gesondert,
wer sich beherrscht.

Ein Hund – wird gesagt –
der lebt, ist besser
als ein Löwe, der tot ist.
Es ist die Wärme der Hoffnung –

die zählt.

(nach Richter 7:5; Prediger 9:4)

Rätselhafter Beweis

Ohne Einsicht noch Voraussicht,
nur mit Scharfsicht
im Auge
und dem Langschritt
auf zwei Zehen,
lebt der Vogel Strauß.

Vor Raubtieren warnt ihn
die behufte Gesellschaft
der grasenden Herden.
Streitbar bebrütet er
sein schweres Gelege
im Gemeinschaftsnest.

Mit nichts im Kopf
und zwei Zehen am Fuß
sich durchzuleben
trotz Raubtier und Mensch –
das beweist etwas
und beweist etwas:

Es ist mein Beweis.

(nach Hiob 39: 13-18)

Die Koralle

„Weisheit ist besser
als die Koralle.“ Mir ist es
wie ein und dasselbe –
eine Lust
und läßt sich nicht zähmen.
Ein Zierrat im Meer.

Schön erstarren im Salzgrün
die Äste der Adern.
Dem Seestern ist sie
eine Weide, ein Lichtgras,
ein Fraß in der Tiefe.
Nichts ist ihm besser.

Aus Zacken der Zweifel
baut sie dem Glauben Atolle.
Ihre Kammern sind hohl
und hart und zerschmeißbar
durch alle Art Bomben.
Und trotzdem, und trotzdem –

ist Fortgang in ihr.

(nach Sprüche 8:4; 8:11)

Das Einhorn

Unterm Stock schwer von Trauben,
unterm Baum feucht mit Feigen,
sitzt es sich gut
von Dan bis Beer-Scheba.

Denn das Land ist des Friedens,
und des Friedens das Volk.
Man sehe die Herden:
Sie begrasen die Steppe.

Auch weidet der Spießbock,
der hirschhohe Jachmur.
Die Hand aus den Himmeln
griff ihn bei den Hörnern.

Beim Anblick von seitwärts
decken sich beide
und stehen als Einhorn
gedreht auf der Stirn.

Deshalb sagte Plinius:
Das Einhorn ist selten
und gemacht für den Glauben,
und pferdgleich und weiß im Gesicht.

(nach 1. Mose 27:3; 5. Mose 14:5; 1. Könige 5:3)

Der Kranich

Wie ein Kranich schreit
der Zermarterte, Kranke.
Der Morgen kommt fieberrot
mit der Kappe des Kranichs.

Der tanzte zur Tanzzeit
im Wassermoorland des Nordens.
Im Klarlicht des Südens
ruht er sich aus.

Öffne das Aug nicht zu früh,
der Vogel wird danach hacken.
Feuchtgrünes Moos
legt dir der Arzt auf die Schläfe.

Erst nach der Rettung
nenn allen den Retter.
„Chranuh!“ ruft der Kranich,
nur diesen Namen kennt er.

Ihm und dem Arzt danke auch du.

(nach Jesaja 38:14-20)

Entzifferung der Tiere

Nachdem die Bildung beendet war
der Tiere in Schuppen, Federn und Haar,
verlangte Gott von Adam
das Werk der Namensfindung.

Das Müdsein nach dieser Arbeit
betäubte den Menschen; der sank in Schlaf,
da zweite Gott sein Ermatten –
und doppelte uns damit die Kraft.

Seither entziffern wir stetig
die Lesart der täglichen Rätsel:
wie es war, warum und wem Dank gebührt –
und wohin nichts zu wissen uns führt.

(nach 1. Mose 2:19-21)

Die vom Autor herangezogenen Bibelausgaben waren:

Schul- und Hausbibel, Hrsg. Dr. Jakob Auerbach, F. A. Brockhaus, Leipzig 1898

Die vierundzwanzig Bücher der Heiligen Schrift, Hrsg. Dr. Zunz, et al., J. Kaufmann, Frankfurt/M. 1913

Die Heilige Schrift, Hrsg. Harry Torczyner, et al., J. Kaufmann, Frankfurt/M. 1935

The Pentateuch and Haftorahs, hrsg. (Chief Rabbi) Dr. J. H. Hertz, Soncino Press, London 1938

Stuttgarter Jubiläumsbibel, nach D. Martin Luther, Private Württembergische Bibelanstalt, Stuttgart 1951

The Holy Bible, King James Version, Collin's Clear-Type Press, London & New York, 1958

Auf den folgenden Seiten werden die unter den jeweiligen Gedichten genannten Bibelstellen, soweit möglich, aus Das Alte Testament nach der Übersetzung Martin Luthers, Württembergische Bibelanstalt, Stuttgart 1975, wiedergegeben.

11 Fliegt der Falke empor dank deiner Einsicht und breitet seine Flügel aus dem Süden zu?
Hiob 39:26

12 Und es wird ein großes Geschrei sein in ganz Ägyptenland, wie nie zuvor gewesen ist noch werden wird; aber gegen ganz Israel soll nicht ein Hund mukken, weder gegen Mensch noch Vieh, auf daß ihr erkennt, daß der Herr einen Unterschied macht zwischen Ägypten und Israel.
2. Mose 11:6-7
Ihr sollt mir heilige Leute sein; darum sollt ihr kein Fleisch essen, das auf dem Felde von Tieren zerrissen ist, sondern es vor die Hunde werfen.
2. Mose 22:30

13 Du sollst nichts essen, was dem Herrn ein Greuel ist. Dies aber sind die Tiere, die ihr essen dürft: Rind, Schaf, Ziege, Hirsch, Reh, Damhirsch, Steinbock, Gemse, Auerochs und Antilope.
5. Mose 14:3-5

14 Und Salomo mußte täglich zur Speisung haben dreißig Sack feinstes Mehl, sechzig Sack anderes Mehl, zehn gemästete Rinder und zwanzig Rinder von der Weide und hundert Schafe, ohne die Hirsche und Gazellen und Rehe und das gemästete Federvieh. Denn er herrschte im ganzen Lande diesseits des Eufrat, von Tifsach bis nach Gaza, über alle Könige diesseits des Eufrat, und hatte Frieden mit allen seinen Nachbarn ringsum (...)
1. Könige 5:2-4

15 Die hohen Berge geben dem Steinbock Zuflucht und die Felsklüfte dem Klippdachs.
Psalm 104:18
Nur diese dürft ihr nicht essen von dem, was wiederkäut und gespaltene Klauen hat: das Kamel, denn es ist zwar ein Wiederkäuer, hat aber keine durchgespaltenen Klauen; darum soll es euch unrein sein; den Klippdachs, denn er ist zwar ein Wiederkäuer, hat aber keine durchgespaltenen Klauen; darum soll er euch unrein sein (...)
3. Mose 11:4-5

16 Aber Mose sprach zu ihm: Eiferst du um meinetwillen? Wollte Gott, daß alle im Volk des Herrn Propheten wären und der Herr seinen Geist über sie kommen ließe! Darauf kehrte Mose zum Lager zurück mit den Ältesten Israels. Da erhob sich ein Wind, vom Herrn gesandt, und ließ Wachteln kommen vom Meer und ließ sie auf das Lager fallen, eine Tagreise weit rings um das Lager, zwei Ellen hoch auf der Erde. Da machte sich das Volk auf und sammelte Wachteln diesen ganzen Tag und die ganze Nacht und den ganzen anderen Tag; und wer am wenigsten sammelte, der sammelte hundert Scheffel. Und sie brieten sie rings um das Lager aus, um sie zu dörren. Als aber das Fleisch noch zwischen ihren Zähnen war und ehe es ganz aufgebraucht war, da entbrannte der Zorn des Herrn gegen das Volk, und er schlug sie mit einer sehr großen Plage.
4. Mose 11:29-33

17 Und der Herr sprach zu Mose: Sage Aaron: Strecke deinen Stab aus und schlag in den Staub der Erde, daß er zu Stechmücken werde in ganz Ägyptenland. Sie taten so, und Aaron reckte seine Hand aus mit seinem Stabe und schlug in den Staub auf der Erde. Und es kamen Mücken und setzten sich an die Menschen und an das Vieh; aller Staub der Erde ward zu Mücken in ganz Ägyptenland. Die Zauberer taten ebenso mit ihren Künsten, um Mücken hervorzubringen; aber sie konnten es nicht. Und die Mücken waren sowohl an den Menschen als am Vieh. Da sprachen die Zauberer zum Pharao: das ist Gottes Finger. Aber das Herz des Pharao wurde verstockt, und er hörte nicht auf sie, wie der Herr gesagt hatte.
2. Mose 8:12-15
Hebt eure Augen auf gen Himmel und schaut unten auf die Erde! Denn der Himmel wird wie ein Rauch vergehen und die Erde wie ein Kleid zerfallen, und die darauf wohnen, werden wie Mücken dahinsterben. Aber mein Heil bleibt ewiglich, und meine Gerechtigkeit wird nicht zerbrechen.
Jesaja 51:6

18 Wenn du unterwegs ein Vogelnest findest auf einem Baum oder auf der Erde mit Jungen oder mit Eiern und die Mutter sitzt auf den Jungen oder auf den Eiern, so sollst du nicht die Mutter mit den Jungen nehmen, sondern du darfst die Jungen nehmen, aber die Mutter sollst du fliegen lassen, auf daß dir's wohlgehe und du lange lebest.
5. Mose 22:6-7
Wie ein Vogel dahinfliegt, der aus dem Nest vertrieben wird, so werden die Bewohner Moabs an den Furten des Arnon sein.
Jesaja 16:2

19 Ja, auch die Hirschkühe, die auf dem Felde werfen, verlassen die Jungen, weil kein Gras wächst.
Jeremia 14:5
Deine beiden Brüste sind wie junge Zwillinge von Gazellen, die unter den Lilien weiden.
Hohelied 4:5

20 Gott der Herr aber ließ eine Staude wachsen; die wuchs über Jona, daß sie Schatten gäbe seinem Haupt und ihm hülfe von seinem Unmut. Und Jona freute sich sehr über die Staude. Aber am Morgen, als die Morgenröte anbrach, ließ Gott einen Wurm kommen; der stach die Staude, daß sie verdorrte.
Jonah 4:6-7
Weinberge wirst du pflanzen und bauen, aber weder Wein trinken noch Trauben lesen; denn die Würmer werden's verzehren.
5. Mose 28:39

22 Und er wollte sie nicht zu sich bringen lassen in die Stadt Davids, sondern ließ sie bringen ins Haus Obed-Edoms, des Gatiters. So blieb die Lade des Herrn drei Monate im Hause Obed-Edoms, des Gatiters, und der Herr segnete ihn und sein ganzes Haus.
Und es wurde dem König David angesagt, daß der Herr das Haus Obed-Edoms segnete und alles, was er hatte, um der Lade Gottes willen. Da ging er hin und holte die Lade Gottes aus dem Hause Obed-Edoms herauf in die Stadt Davids mit Freuden. Und als die Träger mit der Lade des Herrn sechs Schritte gegangen waren, opferte man einen Stier und ein fettes Kalb. Und David tanzte mit aller Macht vor dem Herrn her und war umgürtet mit einem leinenen Priesterschurz.
2. Samuel 6:10-14
Er schlug auch die Moabiter und ließ sie sich auf den Boden legen und maß sie mit der Meßschnur ab; und er maß zwei Schnurlängen ab, so viele tötete er, und eine volle Schnurlänge, so viele ließ er am Leben. So wurden die Moabiter David untertan, daß sie ihm Abgaben bringen mußten.
2. Samuel 8:2
Ja, du, Herr, bist meine Leuchte; der Herr macht meine Finsternis licht.
2. Samuel 22:29

23 Du hast einen Weinstock aus Ägypten geholt, hast vertrieben die Völker und ihn eingepflanzt. Du hast vor ihm Raum gemacht und hast ihn lassen einwurzeln, daß er das Land erfüllt hat. Berge sind mit seinem Schatten bedeckt und mit seinen Reben die Zedern Gottes. Du hast seine Ranken ausgebreitet bis an das Meer und seine Zweige bis an den Strom. Warum hast du denn seine Mauer zerbrochen, daß jeder seine Früchte abreißt, der vorübergeht? Es haben ihn zerwühlt die wilden Säue und die Tiere des Feldes ihn abgeweidet.
Psalm 80:9-14
Wohlan, ich will meinem lieben Freunde singen, ein Lied von meinem Freund und seinem Weinberg.
Mein Freund hatte einen Weinberg auf einer fetten Höhe. Und er grub ihn um und entsteinte ihn und pflanzte darin edle Reben. Er baute auch einen Turm darin und grub eine Kelter und wartete darauf, daß er gute Trauben brächte; aber er brachte schlechte. Nun richtet, ihr Bürger von Jerusalem und ihr Männer Judas, zwischen mir und meinem Weinberg! Was sollte man noch mehr tun an meinem Weinberg, das ich nicht getan habe an ihm? Warum hat er denn schlechte Trauben gebracht, während ich darauf wartete, daß er gute brächte? Wohlan, ich will euch zeigen, was ich mit meinem Weinberg tun will! Sein Zaun soll weggenommen werden, daß er verwüstet werde, und seine Mauer soll eingerissen werden, daß er zertreten werde. Ich will ihn wüst liegen lassen, daß er nicht beschnitten noch gehackt werde, sondern Disteln und Dornen darauf wachsen, und will den Wolken gebieten, daß sie nicht darauf regnen. Des Herrn Zebaot Weinberg aber ist das Haus Israel und die Männer Judas seine Pflanzung, an der sein Herz hing. Er wartete auf Rechtsspruch, siehe, da war Rechtsbruch, auf Gerechtigkeit, siehe, da war Geschrei über Schlechtigkeit.
Jesaja 5:1-7
Israel ist ein üppig rankender Weinstock, der seine Frucht trägt. Aber je mehr Früchte er hatte, desto mehr Altäre machten sie; wo das Land am besten war, da richteten sie die schönsten Steinmale auf.
Hosea 10:1

27 Denn der König hatte Tarsisschiffe, die auf dem Meer zusammen mit den Schiffen Hirams fuhren. Diese kamen in drei Jahren einmal und brachten Gold, Silber, Elfenbein, Affen und Pfauen.
1. Könige 10:22
Was mehr von Ahab zu sagen ist und alles, was er getan hat, und das Elfenbeinhaus, das er baute, und alle Städte, die er ausgebaut hat, siehe, das steht geschrieben in der Chronik der Könige von Israel.
1. Könige 22:39
Und der König machte einen großen Thron von Elfenbein und überzog ihn mit dem edelsten Gold.
1. Könige 10:18
(...) Priester und Propheten gehen mit Lüge um und heilen den Schaden meines Volkes nur obenhin, indem sie sagen: „Friede! Friede!", und ist doch nicht Friede.
Jeremia 8:11

28 Ich bin wie die Eule in der Einöde, wie das Käuzchen in den Trümmern.
Psalm 102:7
(...) sondern Wüstentiere werden sich da lagern, und ihre Häuser werden voll Eulen sein, Strauße werden da wohnen, und Feldgeister werden da hüpfen (...)
Jesaja 13:21
(...) sondern Rohrdommeln und Igel werden's in Besitz nehmen, Nachteulen und Raben werden dort wohnen. Und er wird die Meßschnur darüber spannen, daß es verwüstet werde, und das Bleilot werfen, daß es öde sei.
Jesaja 34:11

30 Darum ist auch unser Herz krank, und unsre Augen sind trübe geworden um des Berges Zion willen, weil er so wüst liegt, daß die Füchse darüber laufen.
Klagelieder 5:17-18
Und der König David stand auf und sprach: Hört mir zu, meine Brüder und mein Volk! Ich hatte mir vorgenommen, ein Haus zu bauen als Ruhestätte für die Lade des Bundes des Herrn und für den Schemel der Füße unseres Gottes, und hatte mich angeschickt, es zu bauen.
1. Chronik 28:2

31 Kannst du den Leviatan fangen mit der Angel und seine Zunge mit einer Fangschnur fassen? Kannst du ihm ein Binsenseil an die Nase legen und mit einem Haken ihm die Backen durchbohren? Meinst du, er wird dich lang um Gnade bitten oder dir süße Worte geben? Meinst du, er wird einen Bund mit dir schließen, daß du ihn für immer zum Knecht bekommst? Kannst du mit ihm spielen wie mit einem Vogel oder ihn für deine Mädchen anbinden? Meinst du, die Zunftgenossen werden um ihn feilschen und die Händler ihn verteilen? Kannst du mit Spießen spicken seine Haut und mit Fischerhaken seinen Kopf? Lege deine Hand an ihn! An *den* Kampf wirst du denken und es nicht wieder tun!

Siehe, jede Hoffnung wird an ihm zuschanden; schon wenn einer ihn sieht, stürzt er zu Boden. Niemand ist so kühn, daß er ihn zu reizen wagt. – Wer ist denn, der vor mir bestehen könnte? Wer kann mir entgegentreten und ich lasse ihn unversehrt? Unter dem ganzen Himmel ist keiner!

Ich will nicht schweigen von seinen Gliedern, wie groß, wie mächtig und wohlgeschaffen er ist. Wer kann ihm den Panzer ausziehen, und wer darf es wagen, ihm zwischen die Zähne zu greifen? Wer kann die Tore seines Rachens auftun? Um seine Zähne herum herrscht Schrecken. Stolz stehen sie wie Reihen von Schilden, geschlossen und eng aneinander gefügt. Einer reiht sich an den anderen, daß nicht ein Lufthauch hindurchgeht. Es haftet einer am andern, sie schließen sich zusammen und lassen sich nicht trennen. Sein Niesen läßt Licht aufleuchten; seine Augen sind wie die Wimpern der Morgenröte. Aus seinem Rachen fahren Fackeln, und feurige Funken schießen heraus. Aus seinen Nüstern fährt Rauch wie von einem siedenden Kessel und Binsenfeuer. Sein Odem ist wie lichte Lohe, und aus seinem Rachen schlagen Flammen. Auf seinem Nakken wohnt die Stärke, und vor ihm her tanzt die Angst. Die Wampen seines Fleisches haften an ihm, fest angegossen, ohne sich zu bewegen. Sein Herz ist so hart wie ein Stein und so fest wie der untere Mühlstein. Wenn er sich erhebt, so entsetzen sich die Starken, und vor Schrecken wissen sie nicht aus noch ein. Trifft man ihn mit dem Schwert, so richtet es nichts aus, auch nicht Spieß, Geschoß und Speer. Er achtet Eisen wie Stroh und Erz wie faules Holz. Kein Pfeil wird ihn verjagen; die Schleudersteine sind ihm wie Spreu. Die Keule achtet er wie einen Strohhalm; er spottet der sausenden Lanze. Unter seinem Bauch sind scharfe Spitzen; er fährt wie ein Dreschschlitten über den Schlamm. Er macht, daß die Tiefe brodelt wie ein Topf, und rührt das Meer um, wie man Salbe mischt.

Hiob 40:25-41:23

32 Das Beste von den Erstlingen deines Feldes sollst du in das Haus des Herrn, deines Gottes, bringen. Du sollst das Böcklein nicht kochen in seiner Mutter Milch.

2. Mose 23:19

33 (...) So spricht der Herr: Laß mein Volk ziehen, daß es mir diene; wenn nicht, siehe, so will ich Stechfliegen kommen lassen über dich, deine Großen, dein Volk und dein Haus, daß die Häuser der Ägypter und das Land, auf dem sie wohnen, voller Stechfliegen werden sollen. An dem Lande Gosen aber, wo sich mein Volk aufhält, will ich an dem Tage etwas Besonderes tun, daß dort keine Stechfliegen seien, damit du innewerdest, daß ich der Herr bin, inmitten dieses Landes, und ich will einen Unterschied machen zwischen meinem und deinem Volk. Morgen schon soll das Zeichen geschehen. Und der Herr tat so, und es kamen viele Stechfliegen in das Haus des Pharao, in die Häuser seiner Großen und über ganz Ägyptenland, und das Land wurde verheert von den Stechfliegen.
Da ließ der Pharao Mose und Aaron rufen und sprach: Geht hin, opfert eurem Gott hier im Lande. Mose sprach: Das geht nicht an, denn was wir dem Herrn, unserm Gott, opfern, ist den Ägyptern ein Greuel. Siehe, wenn wir vor ihren Augen opfern, was ihnen ein Greuel ist, werden sie uns dann nicht steinigen? Drei Tagereisen weit wollen wir in die Wüste ziehen und dem Herrn, unserm Gott, opfern, wie er uns gesagt hat. Der Pharao sprach: Ich will euch ziehen lassen, daß ihr dem Herrn, eurem Gott, opfert in der Wüste. Nur zieht nicht zu weit, und bittet für mich! Mose sprach: Siehe, wenn ich jetzt von dir hinausgegangen bin, so will ich den Herrn bitten, daß die Stechfliegen morgen vom Pharao und seinen Großen und seinem Volk weichen; nur täusche uns nicht abermals, daß du das Volk nicht ziehen läßt, dem Herrn zu opfern. Und Mose ging hinaus vom Pharao und bat den Herrn. Und der Herr tat, wie Mose gesagt hatte, und schaffte die Stechfliegen weg vom Pharao, von seinen Großen und von seinem Volk, so daß auch nicht eine übrigblieb. Aber der Pharao verhärtete sein Herz auch diesmal und ließ das Volk nicht ziehen.
2. Mose 8:17-28
(...) als er Ungeziefer unter sie schickte, das sie fraß, und Frösche, die ihnen Verderben brachten (...)
Psalm 78:45

34 Wem zieht der König von Israel nach? Wem jagst du nach? Einem toten Hund, einem einzelnen Floh!
1. Samuel 24:15
So fließe nun mein Blut nicht auf die Erde fern vom Angesicht des Herrn! Denn der König von Israel ist ja ausgezogen, zu suchen einen einzelnen Floh, wie man ein Rebhuhn jagt auf den Bergen.
1. Samuel 26:20

35 Da zogen die Amoriter aus, die auf dem Gebirge wohnten, euch entgegen und jagten euch, wie's die Bienen tun, und schlugen euch von Seïr bis nach Horma.
5. Mose 1:44
Und nach einigen Tagen kam er wieder, um sie zu holen, und bog vom Wege ab, um nach dem Aas des Löwen zu sehen. Siehe, da war ein Bienenschwarm in dem Leibe des Löwen und Honig. Und er nahm davon in seine Hand und aß unterwegs und ging zu seinem Vater und seiner Mutter und gab ihnen, daß sie auch aßen. Er sagte ihnen aber nicht, daß er den Honig aus dem Leibe des Löwen genommen hatte.
Richter 14:8-9

36 Da sandte der Herr feurige Schlangen unter das Volk; die bissen das Volk, so daß viele aus Israel starben. Da kamen sie zu Mose und sprachen: Wir haben gesündigt, daß wir wider den Herrn und wider dich geredet haben. Bitte den Herrn, daß er die Schlangen von uns nehme. Und Mose bat für das Volk. Da sprach der Herr zu Mose: Mache dir eine eherne Schlange und richte sie an einer Stange hoch auf. Wer gebissen ist und sieht sie an, der soll leben. Da machte Mose eine eherne Schlange und richtete sie hoch auf. Und wenn jemanden eine Schlange biß, so sah er die eherne Schlange an und blieb leben.
4. Mose 21:6-9
Freue dich nicht, ganz Philisterland, daß der Stock, der dich schlug, zerbrochen ist! Denn aus der Wurzel der Schlange wird eine giftige Natter kommen, und ihre Frucht wird ein feuriger fliegender Drache sein.
Jesaja 14:29

38 Da stand Bileam am Morgen auf und sattelte seine Eselin und zog mit den Fürsten der Moabiter. Aber der Zorn Gottes entbrannte drüber, daß er hinzog. Und der Engel des Herrn trat in den Weg, um ihm zu widerstehen. Er aber ritt auf seiner Eselin, und zwei Knechte waren mit ihm. Und die Eselin sah den Engel des Herrn auf dem Wege stehen mit einem bloßen Schwert in seiner Hand. Und die Eselin wich von dem Wege ab und ging auf dem Felde; Bileam aber schlug sie, um sie wieder auf den Weg zu bringen. Da trat der Engel des Herrn auf den Pfad zwischen den Weinbergen, wo auf beiden Seiten Mauern waren. Und als die Eselin den Engel des Herrn sah, drängte sie sich an die Mauer und klemmte Bileam den Fuß ein an der Mauer, und er schlug sie noch mehr. Da ging der Engel des Herrn weiter und trat an eine enge Stelle, wo kein Platz mehr war auszuweichen, weder zur Rechten noch zur Linken. Und als die Eselin den Engel des Herrn sah, fiel sie in die Knie unter Bileam. Da entbrannte der Zorn Bileams, und er schlug die Eselin mit dem Stecken. Da tat der Herr der Eselin den Mund auf, und sie sprach zu Bileam: Was hab ich dir getan, daß du mich nun dreimal geschlagen hast? Bileam sprach zur Eselin: Weil du Mutwillen mit mir treibst! Ach daß ich jetzt ein Schwert in der Hand hätte, ich wollte dich töten! Die Eselin sprach zu Bileam: Bin ich nicht deine Eselin, auf der du geritten bist von jeher bis auf diesen Tag? War es je meine Art, es so mit dir zu treiben? Er sprach: Nein. Da öffnete der Herr dem Bileam die Augen, daß er den Engel des Herrn auf dem Weg stehen sah mit einem bloßen Schwert in seiner Hand, und er neigte sich und fiel nieder auf sein Angesicht. Und der Engel des Herrn sprach zu ihm: Warum hast du deine Eselin nun dreimal geschlagen? Siehe, ich habe mich aufgemacht, um dir zu widerstehen; denn dein Weg ist verkehrt in meinen Augen. Und die Eselin hat mich gesehen und ist mir dreimal ausgewichen. Sonst, wenn sie mir nicht ausgewichen wäre, so hätte ich dich jetzt getötet, aber die Eselin am Leben gelassen.
4. Mose 22:21-33

39 Zu der Zeit wird der Herr herbeipfeifen die Fliege am Ende der Ströme Ägyptens und die Biene im Lande Assur (...)
Jesaja 7:18
Tote Fliegen verderben gute Salben. Ein wenig Torheit wiegt schwerer als Weisheit und Ehre.
Prediger 10:1

40 Und Simson ging hin und fing dreihundert Füchse, nahm Fackeln und kehrte je einen Schwanz zum andern und tat eine Fackel je zwischen zwei Schwänze und zündete die Fackeln an und ließ die Füchse in das Korn der Philister laufen und zündete so die Garben samt dem stehenden Korn an und Weinberge und Ölbäume.
Richter 15: 4-5
(...) und wilde Hunde werden in ihren Palästen heulen und Schakale in den Schlössern der Lust. Ihre Zeit wird bald kommen, und ihre Tage lassen nicht auf sich warten.
Jesaja 13: 22

42 Ich will sie anfallen wie eine Bärin, der ihre Jungen genommen sind, und will ihr verstocktes Herz zerreißen und will sie dort wie ein Löwe fressen; die wilden Tiere sollen sie zerreißen.
Hosea 13: 8
David aber sprach zu Saul: Dein Knecht hütete die Schafe seines Vaters; und kam dann ein Löwe oder ein Bär und trug ein Schaf weg von der Herde, so lief ich ihm nach, schlug auf ihn ein und errettete es aus seinem Maul.
1. Samuel 17: 34-35

43 (Und diese sollt ihr verabscheuen unter den Vögeln, daß ihr sie nicht esset, denn ein Greuel sind sie: ...) die Fledermaus, die Rohrdommel, den Storch, den Reiher, den Häher mit seiner Art, den Wiedehopf und die Schwalbe.
3. Mose 11: 18-19
An jenem Tage wird jedermann wegwerfen seine silbernen und goldenen Götzen, die er sich hatte machen lassen, um sie anzubeten, zu den Maulwürfen und Fledermäusen (...)
Jesaja 2: 20

44 Da wurden gerufen des Königs Schreiber zu jener Zeit im dritten Monat, das ist der Monat Siwan, am dreiundzwanzigsten Tage, und es wurde geschrieben, wie Mardochai gebot, an die Juden und an die Fürsten, Statthalter und Obersten in den Ländern vom Indus bis zum Nil, hundertundsiebenundzwanzig Ländern, einem jeden Lande in seiner Schrift, einem jeden Volk in seiner Sprache und auch den Juden in ihrer Schrift und Sprache. Und es wurde geschrieben in des König Ahasveros Namen und mit des Königs Ring gesiegelt. Und man sandte die Schreiben durch reitende Boten auf den besten Pferden. Darin gab der König den Juden, in welchen Städten sie auch waren, die Erlaubnis, sich zu versammeln und ihr Leben zu verteidigen und alle Macht des Volkes und des Landes, die sie angreifen würden, zu vertilgen, zu töten und umzubringen samt den Kindern und Frauen und ihr Hab und Gut zu plündern (...)
Esther 8: 9-11
Da gingen hinab der Priester Zadok und der Prophet Natan und Benaja, der Sohn Jojadas, und die Kreter und Pleter und setzten Salomo auf das Maultier des Königs David und führten ihn zum Gihon.
1. Könige 1: 38

Und sie werden alle eure Brüder aus allen Völkern herbringen dem Herrn zum Weihgeschenk auf Rossen und Wagen, in Sänften, auf Maultieren und Dromedaren nach Jerusalem zu meinem heiligen Berge, spricht der Herr, gleichwie Israel die Opfergaben in reinem Gefäße zum Hause des Herrn bringt.
Jesaja 66:20

45 Da tat Josua mit ihnen, wie der Herr ihm gesagt hatte, und lähmte ihre Rosse und verbrannte ihre Wagen (...)
Josua 11:9
Und er wird richten unter den Heiden und zurechtweisen viele Völker. Da werden sie ihre Schwerter zu Pflugscharen und ihre Spieße zu Sicheln machen. Denn es wird kein Volk wider das andere das Schwert erheben, und sie werden hinfort nicht mehr lernen, Krieg zu führen.
Jesaja 2:4

48 Der Faule spricht : Es ist ein Löwe auf dem Wege, ein Löwe auf den Gassen.
Sprüche 26:13
Brüllt etwa ein Löwe im Walde, wenn er keinen Raub hat? Schreit ein junger Löwe aus seiner Höhle, er habe denn etwas gefangen?
Amos 3:4
Der Löwe brüllt, wer sollte sich nicht fürchten? Gott der Herr redet, wer sollte nicht Prophet werden?
Amos 3:8
Und wenn ich es aufrichtete, so würdest du mich jagen wie ein Löwe und wiederum erschreckend an mir handeln.
Hiob 10:16
Da befahl der König, Daniel herzubringen. Und sie warfen ihn zu den Löwen in die Grube. Der König aber sprach zu Daniel: Dein Gott, dem du ohne Unterlaß dienst, der helfe dir! Und sie brachten einen Stein, den legten sie vor die Öffnung der Grube; den versiegelte der König mit seinem eigenen Ring und mit dem Ringe seiner Mächtigen, damit nichts anderes mit Daniel geschähe. Und der König ging weg in seinen Palast und fastete die Nacht über und ließ kein Essen vor sich bringen und konnte auch nicht schlafen.
Früh am Morgen, als der Tag anbrach, stand der König auf und ging eilends zur Grube, wo die Löwen waren. Und als er zur Grube kam, rief er Daniel mit angstvoller Stimme. Und der König sprach zu Daniel: Daniel, du Knecht des lebendigen Gottes, hat dich dein Gott, dem du ohne Unterlaß dienst, auch erretten können vor den Löwen? Daniel aber redete mit dem König: Der König lebe ewig! Mein Gott hat seinen Engel gesandt, der den Löwen den Rachen zugehalten hat, so daß sie mir kein Leid antun konnten; denn vor ihm bin ich unschuldig, und auch gegen dich, mein König, habe ich nichts Böses getan.Da wurde der König sehr froh und ließ Daniel aus der Grube herausziehen. Und sie zogen Daniel aus der Grube heraus, und man fand keine Verletzung an ihm; denn er hatte seinem Gott vertraut. Da ließ der König die Männer, die Daniel verklagt hatten, holen und zu den Löwen in die Grube werfen samt ihren Kindern und Frauen. Und ehe sie den Boden erreichten, ergriffen die Löwen sie und zermalmten alle ihre Knochen.
Daniel 6:17-25

49 Danach ließ er eine Taube ausfliegen, um zu erfahren, ob die Wasser sich verlaufen hätten auf Erden. Da aber die Taube nichts fand, worauf ihr Fuß ruhen konnte, kam sie wieder zu ihm in die Arche; denn noch war Wasser auf dem ganzen Erdboden. Da tat er die Hand heraus und nahm sie zu sich in die Arche. Da harrte er noch weitere sieben Tage und ließ abermals eine Taube fliegen aus der Arche. Die kam zu ihm um die Abendzeit, und siehe, ein Ölblatt hatte sie abgebrochen und trug's in ihrem Schnabel. Da merkte Noah, daß die Wasser sich verlaufen hätten auf Erden. Aber er harrte noch weitere sieben Tage und ließ eine Taube ausfliegen; die kam nicht wieder zu ihm.
1. Mose 8: 8-12
Denn siehe, der Winter ist vergangen, der Regen ist vorbei und dahin. Die Blumen sind aufgegangen im Lande, der Lenz ist herbeigekommen, und die Turteltaube läßt sich hören in unserm Lande.
Hohelied 2: 11-12

53 Wir denken an die Fische, die wir in Ägypten umsonst aßen, und an die Kürbisse, die Melonen, den Lauch, die Zwiebeln und den Knoblauch.
4. Mose 11: 5

54 Und sie brachten über das Land, das sie erkundet hatten, ein böses Gerücht auf unter den Israeliten und sprachen: Das Land, durch das wir gegangen sind, um es zu erkunden, frißt seine Bewohner, und alles Volk, das wir darin sahen, sind Leute von großer Länge. Wir sahen dort auch Riesen, Enaks Söhne aus dem Geschlecht der Riesen, und wir waren in unsern Augen wie Heuschrecken und waren es auch in ihren Augen.
4. Mose 13: 32-33

55 Diese sollen euch auch unrein sein unter den Tieren, die auf der Erde wimmeln: das Wiesel, die Maus, die Kröte, ein jedes mit seiner Art (...)
3. Mose 11: 29
Die sich heiligen und reinigen für das Opfer in den Gärten dem einen nach, der in der Mitte ist, und Schweinefleisch essen, greuliches Getier und Mäuse, die sollen miteinander weggerafft werden, spricht der Herr.
Jesaja 66: 17

56 Darum wird sie auch der Löwe aus dem Walde zerreißen, und der Wolf aus der Steppe wird sie verderben, und der Panther wird um ihre Städte lauern; alle, die von da herausgehen, werden zerfleischt. Denn ihrer Sünden sind zu viele, und sie bleiben in ihrem Ungehorsam.
Jeremia 5: 6
Darum spricht der Herr, der Gott Zebaot: Weil ihr solche Reden führt, siehe, so will ich meine Worte in deinem Munde zu Feuer machen und dies Volk in Brennholz, daß es verzehrt werde.
Jeremia 5: 14

58 Alle Bäume und Früchte deines Landes wird das Ungeziefer fressen.
5. Mose 28:42

59 Alles, was auf dem Bauch kriecht, und alles, was auf vier oder mehr Füßen geht, unter allem, was auf der Erde kriecht, dürft ihr nicht essen; denn es soll euch ein Greuel sein.
3. Mose 11:42
(...) und wer irgendein Gewürm anrührt, wodurch er unrein wird, oder einen Menschen, durch den er unrein wird, oder irgend etwas, was ihn unrein macht (...)
3. Mose 22:5

60 Die Leute von Togarma haben dir Rosse und Reitpferde und Maulesel auf deine Märkte gebracht.
Hesekiel 27:14

62 (...) die Eidechse – man greift sie mit den Händen, und sie ist doch in der Könige Schlössern.
(Zunz: die Spinne kannst du mit Händen fassen, und doch ist sie in Königspalästen.)
Sprüche 30:28

63 Ich will heute durch alle deine Herden gehen und aussondern alle gefleckten und bunten Schafe und alle schwarzen Schafe und die bunten und gefleckten Ziegen. Was nun bunt und gefleckt sein wird, das soll mein Lohn sein. So wird meine Redlichkeit morgen für mich zeugen, wenn du kommst wegen meines Lohnes, den ich von dir nehmen soll: was nicht gefleckt oder bunt unter den Ziegen und nicht schwarz sein wird unter den Lämmern, das sei ein Diebstahl, wenn es sich bei mir findet. Da sprach Laban: Wohlan, es sei, wie du gesagt hast. Und er sonderte an jenem Tage aus die sprenkligen und bunten Böcke und alle gefleckten und bunten Ziegen, wo nur etwas Weißes daran war, und alles, was schwarz war unter den Lämmern, und tat's unter die Hand seiner Söhne und machte einen Raum, drei Tagereisen weit, zwischen sich und Jakob. Jakob aber weidete die übrigen Herden Labans.
Und Jakob nahm frische Stäbe von Pappeln, Mandelbäumen und Platanen und schälte weiße Streifen daran aus, so daß an den Stäben das Weiße bloß wurde, und legte die Stäbe, die er geschält hatte, in die Tränkrinnen, wo die Herden hinkommen mußten zu trinken, daß sie da empfangen sollten, wenn sie zu trinken kämen. So empfingen die Herden über den Stäben und brachten Sprenklige, Gefleckte und Bunte. Da sonderte Jakob die Lämmer aus und machte sich eigene Herden; die tat er nicht zu den Herden Labans. Wenn aber die Brunstzeit der kräftigen Tiere war, legte er die Stäbe in die Rinnen vor die Augen der Herde, daß sie über den Stäben empfingen. Aber wenn die Tiere schwächlich waren, legte er sie nicht hinein. So wurden die schwächlichen Tiere Laban zuteil, aber die kräftigen dem Jakob. Daher wurde der Mann über die Maßen reich, so daß er viele Schafe, Mägde und Knechte, Kamele und Esel hatte.
1. Mose 30:32-43

So hat Gott die Güter eures Vaters ihm entwunden und mir gegeben. Denn wenn die Brunstzeit kam, hob ich meine Augen auf und sah im Traum, und siehe, die Böcke, die auf die Herde sprangen, waren sprenklig, gefleckt und bunt. Und der Engel Gottes sprach zu mir im Traum: Jakob! Und ich antwortete: Hier bin ich. Er aber sprach: Hebe deine Augen auf und sieh! Alle Böcke, die auf die Herde springen, sind sprenklig, gefleckt und bunt; denn ich habe alles gesehen, was Laban dir antut.
1. Mose 31: 9-12

64 Ein schönes Weib ohne Zucht ist wie eine Sau mit einem goldenen Ring durch die Nase.
Sprüche 11: 22

65 Denn seine Zuversicht vergeht, und seine Hoffnung ist ein Spinnweb.
Hiob 8: 14

66 Denn der König hatte Tarsisschiffe, die auf dem Meer zusammen mit den Schiffen Hirams fuhren. Diese kamen in drei Jahren einmal und brachten Gold, Silber, Elfenbein, Affen und Pfauen.
1. Könige 10: 22
Denn die Schiffe des Königs, die mit den Leuten Hirams nach Tarsis fuhren, kamen in drei Jahren einmal und brachten Gold, Silber, Elfenbein, Affen und Pfauen.
2. Chronik 9: 21

68 Wenn du nun gegessen hast und satt bist und schöne Häuser erbaust und darin wohnst und deine Rinder und Schafe und Silber und Gold und alles, was du hast, sich mehrt, dann hüte dich, daß dein Herz sich nicht überhebt und du den Herrn, deinen Gott, vergißt, der dich aus Ägyptenland geführt hat, aus der Knechtschaft, und dich geleitet hat durch die große und furchtbare Wüste, wo feurige Schlangen und Skorpione und lauter Dürre und kein Wasser war, und ließ dir Wasser aus dem harten Felsen hervorgehen (...)
5. Mose 8: 12-15

69 Geh hin zur Ameise, du Fauler, sieh an ihr Tun und lerne von ihr! Wenn sie auch keinen Fürsten noch Hauptmann noch Herrn hat, so bereitet sie doch ihr Brot im Sommer und sammelt ihre Speise in der Ernte.
Sprüche 6: 6-8
Vier sind die Kleinsten auf Erden und doch klüger als die Weisen: die Ameisen – ein schwaches Volk, dennoch schaffen sie im Sommer ihre Speise (...)
Sprüche 30: 24-25

73 Siehe da den Behemot*, den ich geschaffen habe wie auch dich! Er frißt Gras wie ein Rind. Siehe, welch eine Kraft ist in seinen Lenden und welch eine Stärke in den Muskeln seines Bauchs! Sein Schwanz streckt sich wie eine Zeder; die Sehnen seiner Schenkel sind dicht geflochten. Seine Knochen sind wie eherne Röhren, seine Gebeine wie eiserne Stäbe. Er ist das erste der Werke Gottes; der ihn gemacht hat, gab ihm sein Schwert. Die Berge tragen Futter für ihn, und alle wilden Tiere spielen dort. Er liegt unter Lotosbüschen, im Rohr und im Schlamm verborgen. Lotosbüsche bedecken ihn mit Schatten, und die Bachweiden umgeben ihn. Siehe, der Strom schwillt gewaltig an: er dünkt sich sicher, auch wenn ihm der Jordan ins Maul dringt.

* d. i. ein Riesentier, nach Art des Nilpferds

Hiob 40:15-23

74 Furcht und Schrecken vor euch sei über allen Tieren auf Erden und über allen Vögeln unter dem Himmel, über allem, was auf dem Erdboden wimmelt, und über allen Fischen im Meer; in eure Hände seien sie gegeben.

1. Mose 9:2

Darum spricht der Herr: Daran sollst du erfahren, daß ich der Herr bin: Siehe, ich will mit dem Stabe, den ich in meiner Hand habe, auf das Wasser schlagen, das im Nil ist, und es soll in Blut verwandelt werden, daß die Fische im Strom sterben und der Strom stinkt. Und die Ägypter wird es ekeln, das Wasser aus dem Nil zu trinken.

Und der Herr sprach zu Mose: Sage Aaron: Nimm deinen Stab und recke deine Hand aus über die Wasser in Ägypten, über ihre Ströme und Kanäle und Sümpfe und über alle Wasserstellen, daß sie zu Blut werden, und es sei Blut in ganz Ägyptenland, selbst in den hölzernen und steinernen Gefäßen.

2. Mose 7:17-19

Und es werden an ihm die Fischer stehen. Von En-Gedi bis nach En-Eglajim wird man die Fischgarne aufspannen; denn es wird dort sehr viele Fische von aller Art geben wie im großen Meer.

Hesekiel 47:10

75 Denn es kommt der Tag der Rache des Herrn und das Jahr der Vergeltung, um Zion zu rächen. Da werden Edoms Bäche zu Pech werden und seine Erde zu Schwefel; ja, sein Land wird zu brennendem Pech werden, das weder Tag noch Nacht verlöschen wird, sondern immer wird Rauch von ihm aufgehen. Und es wird verwüstet sein von Geschlecht zu Geschlecht, daß niemand hindurchgehen wird auf ewige Zeiten, sondern Rohrdommeln und Igel werden's in Besitz nehmen, Nachteulen und Raben werden dort wohnen. Und er wird die Meßschnur darüber spannen, daß es verwüstet werde, und das Bleilot werfen, daß es öde sei. Und Feldgeister werden darin wohnen, und seine Edlen werden nicht mehr sein. Man wird dort keinen König mehr ausrufen, und alle seine Fürsten werden ein Ende haben. Dornen werden wachsen in seinen Palästen, Nesseln und Disteln in seinen Schlössern; und es wird eine Behausung sein der Schakale und eine Stätte für die Strauße. Da werden Wüstentiere und wilde Hunde einander treffen, und ein Feldgeist wird dem andern begegnen. Das Nachtgespenst wird auch dort herbergen und seine Ruhestatt dort finden. Da wird auch die Natter nisten und legen, ihre Eier aufhäufen und ausbrüten. Auch die Raubvögel werden dort zusammenkommen. Keines vermißt das andere.

Jesaja 34:8-15

76 Da werden die Wölfe bei den Lämmern wohnen und die Panther bei den Bök-
ken lagern. Ein kleiner Knabe wird Kälber und junge Löwen und Mastvieh mit-
einander treiben.
Jesaja 11:6
Kann etwa ein Mohr seine Haut wandeln oder ein Panther seine Flecken? So
wenig könnt auch ihr Gutes tun, die ihr ans Böse gewöhnt seid.
Jeremia 13:23

78 Aber der Herr ließ einen großen Fisch kommen, Jona zu verschlingen. Und Jo-
na war im Leibe des Fisches drei Tage und drei Nächte. Und Jona betete zu dem
Herrn, seinem Gott, im Leibe des Fisches und sprach: Ich rief zu dem Herrn in
meiner Angst, und er antwortete mir. Ich schrie aus dem Rachen des Todes,
und du hörtest meine Stimme. Du warfest mich in die Tiefe, mitten ins Meer,
daß die Fluten mich umgaben. Alle deine Wogen und Wellen gingen über mich
(...)
Jona 2:1-4

79 Es hatte aber Kis, der Vaters Sauls, die Eselinnen verloren. Und er sprach zu
seinem Sohn Saul: Nimm einen der Knechte mit dir, mach dich auf, geh hin
und suche die Eselinnen. Und sie gingen durch das Gebirge Efraim und durch
das Gebiet von Schalischa und fanden sie nicht; sie gingen durch das Gebiet
von Schaalim, und sie waren nicht da; sie gingen durchs Gebiet von Benjamin
und fanden sie nicht. Als sie aber ins Gebiet von Zuf kamen, sprach Saul zu dem
Knecht, der bei ihm war: Komm, laß uns weider heimgehen; mein Vater könn-
te sich sonst statt um die Eselinnen um uns sorgen. Der aber sprach:
Siehe, es ist ein berühmter Mann Gottes in dieser Stadt; alles, was er sagt, das
trifft ein. Nun laß uns dahin gehen; vielleicht sagt er uns unsern Weg, den wir
gehen sollen. (...) Und als sie hinauf zur Stadt kamen und in die Stadt eintraten,
siehe, da kam Samuel heraus ihnen entgegen und wollte auf die Höhe gehen.
Aber der Herr hatte Samuel das Ohr aufgetan einen Tag, bevor Saul kam, und
gesagt: Morgen um diese Zeit will ich einen Mann zu dir senden aus dem Lande
Benjamin, den sollst du zum Fürsten salben über mein Volk Israel, daß er erret-
te mein Volk aus der Philister Hand. Denn ich habe das Elend meines Volkes
angesehen, und sein Schreien ist vor mich gekommen. Als nun Samuel Saul
sah, tat ihm der Herr kund: Siehe, das ist der Mann, von dem ich dir gesagt ha-
be, daß er über mein Volk herrschen soll.
1. Samuel 9:3 ff.

80 (...) die Heuschrecken – sie haben keinen König, dennoch ziehen sie aus in
Ordnung (...)
Sprüche 30:27
Und ich will euch die Jahre erstatten, deren Ertrag die Heuschrecken, Käfer,
Geschmeiß und Raupen gefressen haben, mein großes Heer, das ich unter euch
schickte.
Joel 2:25
Ich plagte euch mit dürrer Zeit und mit Getreidebrand; auch fraßen die Raupen
alles, was in euren Gärten und Weinbergen, auf euren Feigenbäumen und Öl-
bäumen wuchs; dennoch bekehrt ihr euch nicht zu mir, spricht der Herr.
Amos 4:9

82 Nur diese dürft ihr nicht essen von dem, was wiederkäut und gespaltene Klauen hat: (...) den Hasen, denn er ist auch ein Wiederkäuer, hat aber keine durchgespaltenen Klauen; darum soll er euch unrein sein (...)
3. Mose 11: 4 & 6
Diese Tiere aber sollt ihr nicht essen unter denen, die wiederkäuen und die gespaltene Klauen haben: das Kamel, den Hasen und den Klippdachs, die wiederkäuen, deren Klauen aber nicht ganz durchgespalten sind; darum sollen sie euch unrein sein.
5. Mose 14: 7

83 Ich bin für Efraim wie eine Motte und für das Haus Juda wie eine Made.
Hosea 5: 12
Fürchtet euch nicht, wenn euch die Leute schmähen, und entsetzt euch nicht, wenn sie euch verhöhnen!
Denn die Motten werden sie fressen wie ein Kleid, und Würmer werden sie fressen wie ein wollenes Tuch. Aber meine Gerechtigkeit bleibt ewiglich und mein Heil für und für.
Jesaja 51: 7-8

84 Weißt du die Zeit, wann die Gemsen gebären, oder hast du aufgemerkt, wann die Hirschkühe kreißen?
Hiob 39: 1
Denn so spricht Gott der Herr, der Heilige Israels: Wenn ihr umkehrtet und stille bliebet, so würde euch geholfen; durch Stillesein und Hoffen würdet ihr stark sein. Aber ihr wollt nicht (...)
Jesaja 30: 15

85 So taten die Leute und nahmen zwei säugende Kühe und spannten sie an einen Wagen und behielten ihre Kälber daheim (...)
1. Samuel 6: 10
Was soll mir die Menge eurer Opfer? spricht der Herr. Ich bin satt der Brandopfer von Widdern und des Fettes von Mastkälbern und habe kein Gefallen am Blut der Stiere, der Lämmer und Böcke. Wenn ihr kommt, zu erscheinen vor mir – wer fordert denn von euch, daß ihr meinen Vorhof zertretet? Bringt nicht mehr dar so vergebliche Speiseopfer! Das Räucherwerk ist mir ein Greuel! Neumonde und Sabbate, wenn ihr zusammenkommt, Frevel und Festversammlung mag ich nicht!
Jesaja 1: 11-13

86 Da wird man in die Höhlen der Felsen gehen und in die Klüfte der Erde vor dem Schrecken des Herrn und vor seiner herrlichen Majestät, wenn er sich aufmachen wird, zu schrecken die Erde. An jenem Tage wird jedermann wegwerfen seine silbernen und goldenen Götzen, die er sich hatte machen lassen, um sie anzubeten, zu den Maulwürfen und Fledermäusen (...)
Jesaja 2: 19-20

87 Muß nicht der Mensch immer im Dienst stehen auf Erden, und sind seine Tage nicht wie die eines Tagelöhners? Wie ein Knecht sich sehnt nach dem Schatten und ein Tagelöhner auf seinen Lohn wartet, so hab ich wohl ganze Monate vergeblich gearbeitet, und viele elende Nächte sind mir geworden. Wenn ich mich niederlegte, sprach ich: Wann werde ich aufstehen? Bin ich aufgestanden, so wird mir's lang bis zum Abend und mich quälte die Unruhe bis zur Dämmerung. Mein Fleisch ist um und um eine Beute des Gewürms und faulig, meine Haut ist verschrumpft und voller Eiter. Meine Tage sind schneller dahingeflogen als ein Weberschiffchen und sind vergangen ohne Hoffnung.
Hiob 7:1-6
Und er sprach zu ihnen: Das ist's, was der Herr gesagt hat: Morgen ist Ruhetag, heiliger Sabbat für den Herrn. Was ihr backen wollt, das backt, und was ihr kochen wollt, das kocht; was aber übrig ist, das legt beiseite, daß es aufgehoben werde bis zum nächsten Morgen. Und sie legten's beiseite bis zum nächsten Morgen, wie Mose geboten hatte. Da wurde es nicht stinkend, und war auch kein Wurm darin.
2. Mose 16:23-24

88 Der Blutegel hat zwei Töchter, die heißen: „Gib her, gib her!" Drei sind nicht zu sättigen, und vier sagen nie: es ist genug (...)
Sprüche 30:15

89 Diese sollen euch auch unrein sein unter den Tieren, die auf der Erde wimmeln: das Wiesel, die Maus, die Kröte, ein jedes mit seiner Art (...)
3. Mose 11:29
Und er soll treten vor Eleasar, den Priester, der soll für ihn mit den heiligen Losen den Herrn befragen. Nach dessen Befehl sollen aus- und einziehen er und alle Israeliten mit ihm und die ganze Gemeinde.
4. Mose 27:21

90 Da hob Abraham seine Augen auf und sah einen Widder hinter sich in der Hekke mit seinen Hörnern hängen und ging hin und nahm den Widder und opferte ihn zum Brandopfer an seines Sohnes Statt.
1. Mose 22:13

92 Denn die Menge der Kamele wird dich bedecken, die jungen Kamele aus Midian und Epha. Sie werden aus Saba alle kommen, Gold und Weihrauch bringen und des Herrn Lob verkündigen.
Jesaja 60:6

95 Rabbi Jochanan erzählte: Einst befanden wir uns auf einer Schiffsreise. Da sahen wir einen Fisch, der seinen Kopf aus dem Meere streckte. Seine Augen glichen zwei Monden, und seine beiden Nasenlöcher schütteten Wasser aus wie die zwei Flüsse von Sura.
Raw Saphra erzählte: Einst befanden wir uns auf einer Schiffsreise. Da sahen wir einen Fisch, der seinen Kopf aus dem Meere streckte. Er hatte Hörner, auf denen eingeritzt war: Ich bin ein winziges Geschöpf des Meeres und bin dreihundert Parasangen lang, und ich gehe in das Maul des Lindwurms. Raw Aschi sagte: Dies war eine Meeresziege, die Nahrung sucht, und dazu hat sie Hörner.
Babylon. Talmud, Bawa batra 74a

96 Der Vogel hat ein Haus gefunden und die Schwalbe ein Nest für ihre Jungen – deine Altäre, Herr Zebaoth, mein König und mein Gott.
(Zunz: Und der Sperling baut sich ein Nest ...)
Psalm 84:4

97 Alle reinen Vögel esset. Diese aber sind es, die ihr nicht essen sollt: (...) das Käuzchen, der Uhu, die Fledermaus, die Rohrdommel, der Storch, der Schwan, der Reiher (...)
5. Mose 14:17

98 Ihr habt gesehen, was ich mit den Ägyptern getan habe und wie ich euch getragen habe auf Adlerflügeln und euch zu mir gebracht.
2. Mose 19:4

100 Rabba sagte: Was mich angeht, so sah ich eine junge Antilope, einen Tag alt, die war wie der Berg Tabor. Und wie groß ist der Berg Tabor? Vier Parasangen. Ihr gestreckter Hals maß drei Parasangen und der Lagerplatz ihres Kopfes anderthalb Parasangen. Als sie Kot auswarf, da verstopfte er den Jordan.
Weiter sagte Rabba, Chanas Sohnessohn: Was mich angeht, so sah ich einen Frosch, der war wie das Fort von Hagronja. Und wie groß ist das Fort von Hagronja? Sechzig Häuser. Da kam eine Riesenschlange und verschlang ihn. Da kam ein Rabe und verschlang die Riesenschlange, flog auf und setzte sich auf einen Baum. Komm und sieh, wie gewaltig stark dieser Baum ist! Raw Pappa, Schmuels Sohn, sagte: Wenn ich nicht dort gewesen wäre, würde ich es nicht glauben.
Babylon. Talmud, Bawa batra 73 b

101 So sende mir nun einen tüchtigen Mann, der mit Gold, Silber, Kupfer, Eisen, rotem Purpur, Scharlach und blauem Purpur arbeiten kann und der Bildwerk zu schnitzen versteht zusammen mit den Meistern, die bei mir in Juda und Jerusalem sind und die mein Vater David bestellt hat.
2. Chronik 2:6
Er machte auch einen Vorhang von blauem und rotem Purpur, von Scharlach und feiner Leinwand und brachte Cherubim darauf an.
2. Chronik 3:14

102 Es begab sich aber nach etlicher Zeit, daß Kain dem Herrn Opfer brachte von den Früchten des Feldes. Und auch Abel brachte von den Erstlingen seiner Herde und von ihrem Fett. Und der Herr sah gnädig an Abel und sein Opfer (...)
1. Mose 4:3-4
Und es war ein Mann in Maon, der hatte seine Tätigkeit in Karmel, und der Mann hatte sehr großes Vermögen und besaß dreitausend Schafe und tausend Ziegen. Und es begab sich, daß er eben seine Schafe schor in Karmel. Der Mann hieß Nabal, seine Frau aber hieß Abigail. Und sie war eine Frau von Verstand und schön von Angesicht, der Mann aber war roh und boshaft in seinem Tun und war einer von Kaleb.
Als nun David in der Wüste hörte, daß Nabal seine Schafe schor, sandte er zehn seiner Leute aus und sprach zu ihnen: Geht hinauf nach Karmel, und wenn ihr zu Nabal kommt, so grüßt ihn freundlich in meinem Namen und sprecht zu meinem Bruder: Friede sei mit dir und deinem Hause und mit allem, was du hast! Ich habe gehört, daß du Schafschur hast. Nun, deine Hirten sind mit uns zusammen gewesen; wir haben ihnen nichts zuleide getan, und sie haben nichts vermißt, solange sie in Karmel gewesen sind. Frage deine Leute danach, die werden's dir sagen. Und laß meine Leute Gande finden vor deinen Augen, denn wir sind an einem Festtag gekommen. Gib deinen Knechten und deinem Sohn David, was du zur Hand hast. Und als die Leute Davids hingekommen waren und in Davids Namen alle diese Worte mit Nabal geredet hatten und ruhig warteten, antwortete Nabal den Knechten Davids: Wer ist David? Und wer ist der Sohn Isais! Es gibt jetzt viele Knechte, die ihren Herren davongelaufen sind. Sollte ich mein Brot und mein Wasser nehmen und mein Fleisch, das ich für meine Scherer geschlachtet habe, und Leuten geben, von denen ich nicht weiß, wo sie her sind? Da wandten sich die Leute Davids um und gingen ihres Weges.
1. Samuel 25:2 ff.

103 Die Blumen sind aufgegangen im Lande, der Lenz ist herbeigekommen, und die Turteltaube läßt sich hören in unserm Lande.
Hohelied 2:12

104 Dort nisten die Vögel, und die Reiher wohnen in den Wipfeln.
Psalm 104:17
Der Storch unter dem Himmel weiß seine Zeit, Turteltaube, Kranich und Schwalbe halten die Zeit ein, in der sie wiederkommen sollen; aber mein Volk will das Recht des Herrn nicht wissen.
Jeremia 8:7

106 Die ihr auf weißen Eselinnen reitet, die ihr auf Teppichen sitzet und die ihr auf dem Wege gehet: Singet! Horch, wie sie jubeln zwischen den Tränkrinnen!
Richter 5:10

107 Und diese sollt ihr verabscheuen unter den Vögeln, daß ihr sie nicht esset, denn ein Greuel sind sie: (...) den Storch, den Reiher, den Häher mit seiner Art, den Wiedehopf und die Schwalbe.
3. Mose 11:13 & 19
Diese aber sind es, die ihr nicht essen sollt: (...) der Reiher, der Häher mit seinen Arten, der Wiedehopf, die Schwalbe.
5. Mose 14:18

111 Und als er nahe an Ägypten war, sprach er zu Sarai, seiner Frau: Siehe, ich weiß, daß du ein schönes Weib bist. Wenn dich nun die Ägypter sehen, so werden sie sagen: Das ist seine Frau, und werden mich umbringen und dich leben lassen. So sage doch, du seist meine Schwester, auf daß mir's wohlgehe um deinetwillen und ich am Leben bleibe um deinetwillen.
Als nun Abram nach Ägypten kam, sahen die Ägypter, daß seine Frau sehr schön war. Und die Großen des Pharao sahen sie und priesen sie vor ihm. Da wurde sie in das Haus des Pharao gebracht. Und er tat Abram Gutes um ihretwillen; und er bekam Schafe, Rinder, Esel, Knechte und Mägde, Eselinnen und Kamele. Aber der Herr plagte den Pharao und sein Haus mit großen Plagen um Sarais, Abrams Frau, willen.
Da rief der Pharao Abram zu sich und sprach zu ihm: Warum hast du mir das angetan? Warum sagtest du mir nicht, daß sie deine Frau ist? Warum sprachst du denn: sie ist meine Schwester –, so daß ich sie mir zur Frau nahm? Und nun siehe, da hast du deine Frau; nimm sie und zieh hin. Und der Pharao bestellte Leute um seinetwillen, daß sie ihn geleiteten und seine Frau und alles, was er hatte.
1. Mose 12:11-20

112 Siehe, meine Freundin, du bist schön! Deine Augen sind wie Taubenaugen hinter deinem Schleier. Dein Haar ist wie eine Herde Ziegen, die herabsteigen vom Gebirge Gilead.
Hohelied 4:1
Drei haben einen stattlichen Gang, und vier gehen stolz einher: der Löwe, mächtig unter den Tieren und kehrt um vor niemandem; der stolze Hahn, der Widder und der König, wenn er einhergeht vor seinem Heerbann.
Sprüche 30:29-31

113 Deine Pracht ist herunter zu den Toten gefahren samt dem Klang deiner Harfen. Gewürm wird dein Bett sein und Würmer deine Decke.
Jesaja 14:11
Fürchte dich nicht, du Würmlein Jakob, du armer Haufe Israel. Ich helfe dir, spricht der Herr, und dein Erlöser ist der Heilige Israels.
Jesaja 41:14

114 Nach vierzig Tagen tat Noah an der Arche das Fenster auf, das er gemacht hatte, und ließ einen Raben ausfliegen, der flog immer hin und her, bis die Wasser vertrockneten auf Erden.
1. Mose 8:6-7
Und diese sollt ihr verabscheuen unter den Vögeln, daß ihr sie nicht esset, denn ein Greuel sind sie: den Adler, den Habicht, den Fischaar (...) und alle Raben mit ihrer Art (...)
3. Mose 11:13 & 15

116 Sie werden dem Schwert dahingegeben
und den Schakalen zur Beute werden.
Psalm 63:11

117 Meine Feinde haben mich ohne Grund gejagt wie einen Vogel. Sie haben mein Leben in der Grube zunichte gemacht und Steine auf mich geworfen.
Klagelieder 3:52-53
Ich bin ein Hohn für mein ganzes Volk und täglich ein Spottlied.
Klagelieder 3:14

118 Und Gott segnete sie und sprach zu ihnen: Seid fruchtbar und mehret euch und füllet die Erde und machet sie euch untertan und herrschet über die Fische im Meer und über die Vögel unter dem Himmel und über das Vieh und über alles Getier, das auf Erden kriecht.
1. Mose 1:28

120 Den Steig dahin hat kein Geier erkannt und kein Falkenauge gesehen.
Hiob 28:7
Woher kommt denn die Weisheit? Und wo ist die Stätte der Einsicht? Sie ist verhüllt vor den Augen aller Lebendigen, auch verborgen den Vögeln unter dem Himmel. Der Abgrund und der Tod sprechen: „Wir haben mit unsern Ohren nur ein Gerücht von ihr gehört." Gott weiß den Weg zu ihr, er allein kennt ihre Stätte. Denn er sieht die Enden der Erde und schaut alles, was unter dem Himmel ist. Als er dem Wind sein Gewicht gegeben und dem Wasser sein Maß gesetzt, als er dem Regen ein Gesetz gegeben hat und dem Blitz und Donner einen Weg: damals schon sah er sie und verkündigte sie, bereitete sie und ergründete sie und sprach zum Menschen: Siehe, die Furcht des Herrn, das ist Weisheit, und meiden das Böse, das ist Einsicht.
Hiob 28:20-28

121 Weh denen, die des Herrn Tag herbeiwünschen! Was soll er euch? Denn des Herrn Tag ist Finsternis und nicht Licht, gleichwie wenn jemand vor dem Löwen flieht und ein Bär begegnet ihm und er kommt in ein Haus und lehnt sich mit der Hand an die Wand, so sticht ihn eine Schlange!
Amos 5:18-19

Zur selben Zeit will ich die zerfallene Hütte Davids wieder aufrichten und ihre Risse vermauern und, was abgebrochen ist, wieder aufrichten und will sie bauen, wie sie vorzeiten gewesen ist, damit sie in Besitz nehmen, was übrig ist von Edom, und alle Heiden, über die mein Name genannt ist, spricht der Herr, der solches tut.
Amos 9:11-12

122 Und Salomo mußte täglich zur Speisung haben dreißig Sack feinstes Mehl, sechzig Sack anderes Mehl, zehn gemästete Rinder und zwanzig Rinder von der Weide und hundert Schafe, ohne die Hirsche und Gazellen und Rehe und das gemästete Federvieh.
1. Könige 5:2-3
Aber im siebenten Jahr sollst du es ruhen und liegen lassen, daß die Armen unter deinem Volk davon essen; und was übrig bleibt, mag das Wild auf dem Felde fressen. Ebenso sollst du es halten mit deinem Weinberg und deinen Ölbäumen.
2. Mose 23:11

123 Die Wildesel stehen auf den kahlen Höhen und schnappen nach Luft wie die Schakale; ihre Augen erlöschen, weil nichts Grünes wächst.
Jeremia 14:6
Wer hat dem Wildesel die Freiheit gegeben, wer hat die Bande des Flüchtigen gelöst, dem ich die Steppe zum Hause gegeben habe und die Salzwüste zur Wohnung? Er verlacht das Lärmen der Stadt, die Schreie des Treibers hört er nicht; er durchstreift die Berge, wo seine Weide ist, und sucht, wo es grün ist.
Hiob 39:5-8

124 Doch darfst du in allen deinen Städten ganz nach Herzenslust schlachten und Fleisch essen nach dem Segen des Herrn, deines Gottes, den er dir gegeben hat. Der Reine wie der Unreine dürfen davon essen, so wie man Reh oder Hirsch ißt.
5. Mose 12:15

125 Der Storch unter dem Himmel weiß seine Zeit, Turteltaube, Kranich und Schwalbe halten die Zeit ein, in der sie wiederkommen sollen; aber mein Volk will das Recht des Herrn nicht wissen.
Jeremia 8:7

126 Und er führte das Volk hinab ans Wasser. Und der Herr sprach zu Gideon: Wer mit seiner Zunge Wasser leckt, wie ein Hund leckt, den stelle besonders; ebenso, wer niederkniet, um zu trinken.
Richter 7:5
Denn wer noch bei den Lebenden weilt, der hat Hoffnung; denn ein lebender Hund ist besser als ein toter Löwe.
Prediger 9:4

128 Der Fittich der Straußin hebt sich fröhlich; aber ist's ein Gefieder, das sorgsam birgt? Läßt sie doch ihre Eier auf der Erde liegen zum Ausbrüten auf dem Boden und vergißt, daß ein Fuß sie zertreten und ein wildes Tier sie zerbrechen kann! Sie ist so hart gegen ihre Jungen, als wären es nicht ihre; es kümmert sie nicht, daß ihre Mühe umsonst war. Denn Gott hat ihr die Weisheit versagt und hat ihr keinen Verstand zugeteilt. Doch wenn sie aufgescheucht wird, verlacht sie Roß und Reiter.
Hiob 39:13-18

129 Ruft nicht die Weisheit, und läßt nicht die Klugheit sich hören? Öffentlich am Wege steht sie und an der Kreuzung der Straßen; an den Toren am Ausgang der Stadt und am Eingang der Pforte ruft sie: O ihr Männer, euch rufe ich und erhebe meine Stimme zu den Menschenkindern!
Sprüche 8:1-4
Denn Weisheit ist besser als Perlen, und alles, was man wünschen mag, kann ihr nicht gleichen.
Sprüche 8:11

130 So nimm nun dein Gerät, Köcher und Bogen, und geh aufs Feld und jage mir ein Wildbret (...)
1. Mose 27:3
Du sollst nichts essen, was dem Herrn ein Greuel ist. Dies aber sind die Tiere, die ihr essen dürft: Rind, Schaf, Ziege, Hirsch, Reh, Damhirsch, Steinbock, Gemse, Auerochs und Antilope.
5. Mose 14:3-5
Und Salomo mußte täglich zur Speisung haben dreißig Sack feinstes Mehl, sechzig Sack anderes Mehl, zehn gemästete Rinder und zwanzig Rinder von der Weide und hundert Schafe, ohne die Hirsche und Gazellen und Rehe und das gemästete Federvieh.
1. Könige 5:2-3

132 Ich zwitschere wie eine Schwalbe und gurre wie eine Taube. Meine Augen sehen verlangend nach oben: Herr, ich leide Not, tritt für mich ein! Was soll ich reden und was ihm sagen? Er hat's getan! Entflohen ist all mein Schlaf bei solcher Betrübnis meiner Seele. Herr, laß mich wieder genesen und leben! Siehe, um Trost war mir sehr bange. Du aber hast dich meiner Seele herzlich angenommen, daß sie nicht verdürbe; denn du wirfst alle meine Sünden hinter dich zurück. Denn die Toten loben dich nicht, und der Tod rühmt dich nicht, und die in die Grube fahren, warten nicht auf deine Treue; sondern allein, die da leben, loben dich so wie ich dich heute. Der Vater macht den Kindern deine Treue kund. Der Herr hat mir geholfen, darum wollen wir singen und spielen, solange wir leben, im Hause des Herrn!
Jesaja 38:14-20

133 Und Gott der Herr machte aus Erde alle die Tiere auf dem Felde und alle die Vögel unter dem Himmel und brachte sie zu dem Menschen, daß er sähe, wie er sie nennte,; denn wie der Mensch jedes Tier nennen würde, so sollte es heißen. Und der Mensch gab einem jeden Vieh und Vogel unter dem Himmel und Tier auf dem Felde seinen Namen; aber für den Menschen ward keine Gehilfin gefunden, die um ihn wäre. Da ließ Gott der Herr einen tiefen Schlaf fallen auf den Menschen, und er schlief ein. Und er nahm eine seiner Rippen und schloß die Stelle mit Fleisch.
1. Mose 2:19-21